Assim como a água reflete o rosto, o coração reflete quem somos nós.

Provérbios 27.19

COMO USAR O CÉREBRO

PARA PASSAR EM PROVAS E CONCURSOS

WILLIAM DOUGLAS & CARMEM ZARA

COMO USAR O CÉREBRO

PARA PASSAR EM PROVAS E CONCURSOS

8ª edição, revista, ampliada e atualizada

EDITORA IMPETUS

Niterói, RJ
2022

Editora Impetus Ltda.
Av. Ernani do Amaral Peixoto, 507 – Loja 05 - Centro – Niterói – RJ
CEP: 24.020-072 – Telefax: (21) 2621-7007

PROJETO GRÁFICO: EDITORA IMPETUS LTDA.
EDITORAÇÃO ELETRÔNICA: EDITORA IMPETUS LTDA.
CAPA: BRUNO PIMENTEL FRANCISCO
REVISÃO DE PORTUGUÊS: MARCOS ROQUE/CARMEM BECKER
IMPRESSÃO E ENCADERNAÇÃO: EDITORA E GRÁFICA VOZES LTDA.

S239c

Santos, William Douglas Resinente dos, 1967-

Como usar o cérebro para passar em provas e concursos: as lições da PNL, do pensamento positivo e da lei da atração para você ser aprovado / William Douglas, Carmem Zara. – 8. ed. – Niterói, RJ: Impetus, 2022.

248 p.; 16 x 23 cm.

ISBN: 978-65-86044-35-5

1. Serviço público – Brasil – Concursos – Manuais, guias, etc. 2. Método de estudo – Manuais, guias, etc. I. Zara, Carmem. II.Título.

CDD: 371.30281

www.impetus.com.br

Dedicatória

Tenho amigos que muitas vezes nem sabem o quanto são meus amigos e dos quais recebi vários presentes e estarão sempre comigo. Dedico-lhes este livro:

Jairo Mancilha, meu mestre nesta excelente descoberta da PNL.
Ricardo Cassará, pela brilhante ideia.
À minha querida irmã, Nena, pela dedicação total.
William Douglas, pela parceria.
À minha amada filha Juliana, pelo amor incondicional.

Carmem Zara

Carl Sagan já disse:

"Diante da vastidão do espaço e da imensidão do tempo, é uma alegria para mim partilhar um planeta e uma época com você."

Eu dedico a você este livro, torcendo para que nós todos, juntos, não desperdicemos nem esse planeta nem essa época. Assim como nós, eles também são únicos.

William Douglas

Agradecimentos

Um agradecimento especial à minha filha Andrea Guedes, jornalista brilhante que contribuiu sistematicamente na revisão deste trabalho, com a clareza de ideias, desenvolvendo raciocínio lógico e me auxiliando na concepção deste livro.

Carmem Zara

Agradeço à Carmem pela companhia na aventura de escrever mais um livro.

Agradeço a Deus pelos meus filhos e à Nayara por me fazer companhia. Agradeço aos tios e avós, que estão fazendo muito bem o melhor papel que se pode imaginar.

Agradeço, por fim, aos leitores e membros das páginas no Facebook, YouTube e Twitter, cujo carinho e bom futuro me lisonjeiam e enchem de alegria.

William Douglas

Prefácio

Em linguagem direta e de fácil compreensão, este livro aborda e sintetiza, de maneira prática e didática, os princípios e as principais técnicas da Programação Neurolinguística (PNL) aplicada à aprendizagem e ao sucesso em provas e concursos. Ele vai além da PNL, abordando outras vertentes do tema, analisando as dificuldades e apresentando o "caminho das pedras" para vencer obstáculos internos e externos na conquista de objetivos.

Conheci William Douglas há 10 anos quando, no curso de Master em PNL, modelamos sua habilidade de aprender e de passar em provas e concursos. Ele já escreveu *best-sellers* sobre o tema, e este livro também está destinado a ter o sucesso dos anteriores. Carmem fez a sua formação em Neurolinguística no INAp, onde concluiu, em 2000, o curso de Trainer em PNL.

Recomendo com empenho a leitura do livro para vestibulandos, estudantes do ensino médio e superior e para todas as pessoas que têm pela frente provas e exames. Com certeza ele facilitará o sucesso nos estudos e nas provas, e também irá colaborar para acalmar o sono de muita gente que enfrentará o desafio de concursos.

Além disso, professores, educadores, pais e todos que querem aprender como usar melhor o cérebro e a mente serão beneficiados com a leitura de *Como Usar o Cérebro para Passar em Provas e Concursos.*

Jairo Mancilha, Ph.D.

Médico e trainer internacional em PNL e Coach.
Diretor do INAp – Instituto de Neurolinguística Aplicada e do
InCoaching – Instituto Internacional de Coaching

Apresentação

Fazer a apresentação de um livro escrito pelo Doutor William Douglas sobre como passar em concursos é tarefa fácil, uma vez que ele domina o assunto, não só do ponto de vista de conhecimentos hauridos em livros, como também de sua experiência de aprovado em vários concursos públicos.

William Douglas aprendeu, quando ainda se preparava apenas nos pontos da prova, que saber fazer prova é tão ou até mais importante do que saber o conteúdo dos pontos do programa. Ele aprendeu também que a preparação para passar em concursos deve envolver, em primeiro lugar, a preparação mental do candidato. Foi aí que ele encontrou a chave da aprovação: além de não se descuidar do que pode cair na prova, ele iniciou a preparação mental de si mesmo, procurando desenvolver suas potencialidades.

O livro tem, ainda, a coautoria de Carmem Zara, especialista em PNL.

Todos nós possuímos reservas cerebrais que não são normalmente usadas. Aprender a usá-las é tecnologia intelectual de ponta, principalmente no que se refere a passar em concursos. É preciso insistir que não se trata de criar alguma coisa; o potencial existe, está bem ali, esperando que procedimentos, atividades e exercícios venham mobilizá-lo.

O leitor vai encontrar neste livro a chave de sua preparação mental para passar em concursos, a qual é estruturada principalmente com base nos seguintes itens, cujo teor espalha-se pelo livro todo:

- estabelecimento de objetivos em termos de resultados (por exemplo, o que realmente queremos, passar nas provas ou ocupar determinado cargo?). O objetivo traçado corretamente vai mobilizar a energia necessária à sua realização;
- transformação, com os sentidos da mente, dos objetivos em quadros mentais emotizados, isto é, revestidos de emoções, vibração, entusiasmo, comprometimento, fervor. Este quadro mental deve ser como um farol a iluminar o candidato no caminho para passar no concurso;

- passar a agir como se já tivesse conseguido o resultado. O nosso Sistema de Autopreservação e Preservação da Espécie (SAPE) precisa incorporar a certeza de o candidato vir a ocupar determinado cargo;
- estar disposto a pagar o preço. A fim de conseguir o resultado almejado, o candidato precisa fazer escolhas, às vezes é a troca de uma festa por ficar estudando, às vezes é sacrificar horas de sono etc.

Se o candidato quer realmente o resultado, precisa ter fé na sua realização.

A Bíblia oferece-nos a definição de fé, aplicada a todos os ramos do conhecimento e não somente à religião. Lemos, em Hebreus 11.1: "A fé é o firme fundamento das coisas que se esperam e a prova das coisas que se não veem". Ora, o firme fundamento é a convicção no atingimento do que se saiba querer, sem hesitar, sem duvidar, e a prova das coisas que se não veem é a certeza da realização do objetivo.

Quando o resultado se torna concreto no plano mental fica assegurada sua realização no plano real.

Prof. Luiz Machado, Ph.D.

Chefe, por 26 anos, do PEDIC (Programa Especial de Desenvolvimento da Inteligência e Criatividade), na UERJ.

Autor do livro O *cérebro do cérebro*, lançado em 1985, no qual fundou as bases do que viria a ser chamado de "inteligência emocional".

Criador da Cidade do Cérebro.

Objetivo

O objetivo deste livro é ajudar àqueles que buscam uma mudança efetiva em suas estratégias de sucesso para serem aprovados nas provas e concursos usando a Programação Neurolinguística. Procuramos, com uma linguagem simples e clara, ensinar as técnicas mais apropriadas e rápidas para atingirmos os objetivos.

O objetivo inclui a aprovação do leitor não só em provas e concursos públicos, mas também a realização pessoal de um modo geral, já que as técnicas aqui ensinadas podem ser aplicadas em todas as áreas da vida.

Estamos ao dispor, no *site* www.williamdouglas.com.br e pelo e-mail carmem.zara@gmail.com para contatos, críticas, sugestões e comentários sobre as aplicações práticas do conteúdo do presente livro.

Cadastre-se no site e receba o Informativo William Douglas, mensal e gratuito, com artigos, vídeos e novidades. Convidamos, igualmente, a conhecer nossos contatos e perfis nas redes sociais:

YouTube – /sitewilliamdouglas

Facebook – /paginawilliamdouglas

/carmem zara

Instagram – /williamdouglas

Twitter – @site_wd

Boa sorte!

Os autores

Observação

- **Autonomia da Obra**

Dentro do sistema de estudo que desenvolvi a partir do *Como Passar em Provas e Concursos*, cada obra nova é uma obra autônoma. Mas o que isso quer dizer? Significa que você, leitor, não precisa adquirir qualquer outra obra para usufruir do conhecimento e aprendizado aqui contidos.

Como em todos os meus livros e nas demais obras acadêmicas, são feitas referências a outras obras para que os temas cérebro e PNL sejam abordados satisfatoriamente, mas os livros indicados também não precisam ser adquiridos para que você compreenda a mensagem que estamos transmitindo.

Hoje e sempre agradeço pelo carinho e atenção de todos para com minhas iniciativas e fico ao dispor para comentários, críticas e sugestões.

- Sobre outras obras da coleção

O leitor encontrará no Anexo 1 (p. 215) uma orientação sobre outras obras dedicadas ao aumento de desempenho em provas e concursos.

- **Notas às edições**

As notas às edições estão localizadas no Anexo 2 (p. 217).

> "Estudantes, profissionais e concurseiros devem adotar como disciplina a leitura de *Como Usar o Cérebro Para Passar em Provas e Concursos*. Cada capítulo serviu de grande estímulo para o alcance da minha meta em ser aprovado em um concurso público federal. Agora, usarei os métodos da PNL na minha carreira."
>
> (Gustavo de Souza Fernandes – 28º lugar Caixa Econômica Federal 2012 – Campos dos Goytacazes/RJ)

Os Autores

William Douglas Resinente dos Santos

- Desembargador Federal / TRF2
- Professor Universitário, ex-professor da UFF (concursado, cargo efetivo), professor em diversas universidades públicas e privadas
- Professor Pesquisador-associado na UFMT, no Grupo "NUPEDIA: teoria e a prática do Direito com reflexos na justiça exponencial"
- Mestre em Direito pela Universidade Gama Filho – UGF
- Pós-graduado em Políticas Públicas e Governo – EPPG/ COPPE/UFRJ
- Bacharel em Direito pela Universidade Federal Fluminense – UFF
- Conferencista da Escola da Magistratura do Estado do Rio de Janeiro – EMERJ
- Doutor *honoris causa* da ESA – Escola Superior de Advocacia – OAB/RJ
- Já ministrou aulas nos cursos de educação continuada da Escola de Pós-Graduação em Economia da Fundação Getulio Vargas – EPGE/FGV
- Membro das Bancas Examinadoras de Direito Penal dos V, VI, VII e VIII Concursos Públicos para Delegado de Polícia/RJ, sendo Presidente em algumas delas
- Conferencista em simpósios, seminários, empresas, universidades e cursos preparatórios
- Já exerceu as atividades de Advogado, Delegado de Polícia, Defensor Público, Professor de Direito Processual na Universidade Federal Fluminense – UFF e Professor em vários cursos preparatórios
- Mais de 60 livros publicados, com mais de 1,3 milhão de livros vendidos
- Falou, em palestras, para mais de 3 milhões de pessoas
- Agraciado com 4 medalhas militares, diversas medalhas civis e 3 prêmios pela atuação na área de inclusão social e racial
- Membro da Associação Inter-religiosa de Juristas para o Diálogo e a Paz

»

- Embaixador da Missão Vida, que recupera moradores de rua, Membro da Educafro, OSCIP católica franciscana que trabalha com inclusão social e racial, Professor voluntário no Coletivo Justiça Negra Luiz Gama e Coordenador de Empreendedorismo do Projeto Cristolândia, da Junta de Missões Nacionais, da Convenção Batista Brasileira

PRIMEIRO COLOCADO EM VÁRIOS CONCURSOS PÚBLICOS

- 1º colocado no Concurso Público para Juiz de Direito/RJ
- 1º colocado no Concurso Público para Defensor Público/RJ
- 1º colocado no Concurso Público para Delegado de Polícia/RJ
- 4º colocado no Concurso Público para Professor de Direito, na Universidade Federal Fluminense – UFF
- 5º colocado no Concurso Público para Analista Judiciário/TRF da 2ª Região
- 8º colocado no Concurso Público para Juiz Federal/TRF da 2ª Região
- 1º colocado no CPOR/RJ (Arma de Infantaria)
- 1º colocado no Vestibular para Direito/UFF
- 3º colocado em concurso nacional de monografias sobre a Justiça Federal (trabalho publicado pelo Centro de Estudos Judiciários do CJF/STJ, na Série Monografias do CEJ, volume 2)

Acesse o currículo completo em:

Twiter: @site_wd

Facebook: /profwilliamdouglas

YouTube: /sitewilliamdouglas

Instagram: @williamdouglas

Site: www.williamdouglas.com.br

Carmem Zara

- Graduada em História pela Faculdade Gama Filho
- Master Trainer em Programação Neurolinguística
- Coach executiva e de vida
- Instrutora do Laboratório de Tecnologia, Gestão de Negócios e Meio Ambiente (LATEC), da Universidade Federal Fluminense, e da empresa NahGash

Qualificações

- Proficiência em habilidades de comunicação e treinamento; liderança, gerenciamento pessoal, de grupos e de apresentações; habilidades de elaboração de cursos e treinamentos. Ministra cursos e palestras sobre PNL na Escola de Administração Judiciária (ESAJ). Foi instrutora da Incentive Treinamento. Hoje, atua como cerimonialista e palestrante do Tribunal de Justiça do Estado do Rio de Janeiro
- Consultora de aprendizagem do jornal *Folha Dirigida*, com artigos publicados em diversas edições

Cursos de formação

- Formação em níveis Practitioner, Master e Trainer em Neurolinguística pelo Instituto de Neurolinguística Aplicada (INAP), tendo se especializado com grandes nomes da PNL, como Joseph O'Connor e Jeffrey Zeig
- Certificada internacionalmente em Coach pela Lambent do Brasil

Instagram: @zaracarmem

Sumário

Introdução

Quando Carmem Zara decidiu escrever este livro, tinha em mente colaborar com todas as pessoas que decidem, em algum momento, prestar concursos. Afinal em certo momento da sua vida, também viveu essa experiência. Estudou muito e frequentou vários cursinhos, mas não obteve resultados. Depois, enveredou por outros caminhos e, por intermédio de uma amiga, fez o curso de PNL. Logo nas primeiras aulas, se encantou pelo assunto, pela fascinante teoria da vida e dos mistérios do ser humano. E foi se interessando, cada vez mais, em poder entender essa engrenagem fabulosa chamada cérebro. Depois de realizado o curso pensou como teria sido mais fácil se, naquele momento em que ela estava buscando um emprego público, tivesse esses conhecimentos. Para ajudar outros concurseiros, decidiu fazer um livro com esse conteúdo e para executar a tarefa e complementar o conhecimento "concursândico", convidou o amigo William Douglas – que, com sua experiência em PNL e em concursos, ajudou a construir a presente obra.

Os capítulos de 1 a 6 são da autoria de Carmem Zara, e os demais são de autoria de William Douglas.

A coisa mais bela que podemos experimentar é o mistério.
Ele é a origem de toda a arte e ciência.
Einstein

O QUE É PNL?

O nome "Programação Neurolinguística" traz três significações. "Programação", que está relacionada à maneira como organizamos nossas ideias e ações, ou seja, como lidar com nossa mente de forma a utilizá-la da melhor maneira possível e fazer com que trabalhe sempre a nosso favor. "Neuro", que expressa os processos mentais, e "linguística", que, nada mais é do que a nossa comunicação verbal e não verbal.

SURGIMENTO

A PNL surgiu no começo da década de 1970 em Santa Cruz, na Califórnia. Seus criadores foram John Grinder, professor do Departamento de Linguística da Universidade da Califórnia (EUA), e Richard Bandler, estudante de Psicologia da mesma universidade. Juntos, decidiram investigar por que três terapeutas obtinham excelentes resultados com seus trabalhos. Tratavam-se de Fritz Perls, psicoterapeuta que criou a Gestalt, e Virgínia Satir, terapeuta familiar que solucionava problemas intratáveis por outros profissionais e, finalmente, Milton Erickson, um renomado hipnoterapeuta.

O objetivo deles era conhecer os "segredos" do sucesso desses profissionais e, com isso, ensiná-los a outras pessoas. O resultado foi a criação de um modelo, a Programação Neurolinguística, que desenvolve uma comunicação mais eficiente, opera uma transformação pessoal e acelera o aprendizado. Como definem os autores Joseph O'Connor e John Seymour, no livro *Introdução à Programação Neurolinguística*, a PNL é uma maneira de entender e organizar a fantástica e bela complexidade do pensamento e da comunicação do ser humano.

APLICAÇÕES DA PNL

Atualmente, a PNL tem sido aplicada em diversas áreas. Dentre elas podemos citar aprendizagem, liderança, estabelecimento de metas, autoestima, vendas, e, entre outras, comunicação.

No campo da aprendizagem, a PNL é muito eficiente, pois ensina como estimular o cérebro para aprender mais e melhor. Sabe-se que ele é ativado de forma sensorial, ou seja, por meio dos sentidos. Ativamos o cérebro vendo, ouvindo, sentindo, praticando. E quanto mais se ativa o cérebro, mais se aprende.

Os resultados são fascinantes, pois podemos entender como agimos e como podemos alterar condicionamentos negativos e limitadores. Com base no objetivo do aluno, avaliamos os obstáculos e traçamos as estratégias que farão com que ele alcance o que deseja. A PNL também desenvolve técnicas de transformação para se obter sucesso com confiança e determinação em todos os setores da vida.

PRESSUPOSIÇÕES

A PNL se baseia em pressuposições, e não em verdades absolutas. E a principal delas é a de que o mapa não é o território.

Mapa? Território? O que teria isso tudo a ver com PNL?

Bem, quando temos em mãos um mapa, sabemos que aquilo é apenas uma representação do território onde estamos. Logo, o mapa não é o território, apenas o representa. A mesma relação se aplica ao nosso cérebro. O que temos em mente não é a realidade em si, mas uma representação da mesma. Em outras palavras, nós interagimos com o que imaginamos ser o mundo, e não como ele é de verdade. Por exemplo: quantas vezes você já viu dois irmãos, que moram na mesma casa e estudam no mesmo colégio, tendo opiniões totalmente diferentes da vida? Um pode adorar a família e os colegas do colégio. O outro, porém, achar tudo ruim.

São dois "mapas" diferentes de um mesmo "território". Agora, você deve estar se perguntando: qual é a verdadeira realidade? Quem está certo? Ambos estão certos, porque não existe uma realidade objetiva. Apenas a subjetiva. O mundo não é o que está lá fora, mas sim o que achamos dele. Todos os mapas de mundo são diferentes, e nenhum é mais verdadeiro que outro. E a forma como encaramos a realidade tem a ver com a nossa história de vida, nossas crenças, as experiências pelas quais passamos e o que nos foi ensinado. Provavelmente, uma pessoa que nasceu ouvindo dos pais que o Brasil não presta, que as pessoas são ruins e que não se pode confiar em ninguém, irá achar que o mundo é isso mesmo. E lidará com a realidade dessa forma.

Lembro-me agora de uma lenda que se perpetua ao longo dos anos. Certa vez, um viajante chegava a uma cidade, na qual pretendia permanecer até o fim da vida. Na entrada do povoado, ele encontrou um velho sábio e resolveu lhe perguntar como era a vida por ali. O velho lhe indagou: "O que esperas aqui encontrar?" Ele disse: "Ouvi falar que aqui as pessoas são muito boas e atenciosas, que a terra é abençoada, que todos se ajudam e há muita fartura". "Pois é isso que irás encontrar aqui", disse o velho. O viajante, muito contente, lhe agradeceu. Outro dia, chega um novo viajante que também pretende fincar os pés na terra do velho sábio, e lhe fez a mesma pergunta. Da mesma forma, o velho lhe perguntou: "O que esperas aqui encontrar?" Ele relatou: "Contaram-me que a vida aqui é muito difícil, a terra é ruim, tudo que se planta morre, e que as pessoas são rudes e grosseiras". "Pois é isso que irás encontrar aqui", respondeu o sábio.

Outra pressuposição importante da PNL é que não existem fracassos, existem resultados que nos fornecem *feedbacks* de comportamentos a serem modificados. Não pense que não passar em um concurso, por exemplo, é um fracasso. É apenas uma resposta de que algum comportamento ou ação pode ser modificado para se alcançar a aprovação. Com isso, você pode concluir que precisa estudar mais, fazer um cursinho, ter mais dedicação, ou até mesmo pensar se é isso mesmo que você quer.

O passo seguinte ao *feedback* é a mudança. E aí entram outras duas pressuposições: variabilidade e flexibilidade. Só conseguimos mudar quando somos variáveis e flexíveis. E como diz a Programação Neurolinguística, todos dispõem dos recursos de que precisam para mudar. Basta querer. Se você não passou em um, dois ou três concursos, é sinal de que talvez precise mudar alguma coisa: pode ser desde o tempo de estudo até as crenças negativas, tais como: "Eu sou burro", "Nunca vou passar", ou "Isso não é para mim".

A comunicação também é outro foco da PNL. Conclusões de estudos em todo o mundo mostram que a comunicação é uma ferramenta fundamental para acelerar a mudança e melhorar o desempenho pessoal. Atualmente, não adianta prestar um bom serviço se o indivíduo não sabe se expressar corretamente. Uma comunicação eficiente ajuda em todos os âmbitos da vida. A PNL pressupõe que o significado da comunicação é a resposta que se obtém.

Capítulo 1

PNL para provas e concursos

EM DIREÇÃO AO OBJETIVO

Quando perseguimos muito algum objetivo, nós o queremos pelo prazer que isso vai nos trazer, pelo apoio e aceitação que teremos em atingir o alvo. Passar em um concurso representa o prazer indescritível de derrubar barreiras, de provar para nós mesmos que podemos conseguir o que queremos, de saber que é possível estabelecer objetivos e conquistá-los.

No entanto, para chegar aonde quero, preciso, antes de tudo, pensar: "O que eu quero?" Só assim, poderei buscar esse meu desejo, essa minha meta. É bom ressaltar, porém, que a PNL não entende metas como: "eu quero ser feliz" ou "meu objetivo é ter harmonia". Isso tudo é abstrato. O nosso cérebro só entende uma linguagem bem clara e específica. Por exemplo: "eu quero passar no concurso do Banco do Brasil do ano que vem." Essa é uma meta concreta, o cérebro entende.

Esclareça para o seu cérebro o porquê do seu objetivo, o quanto essa conquista irá ajudá-lo, porque você quer alcançá-la e como isso lhe trará benefícios a curto, médio e longo prazos. Escreva tudo o que possa querer dessa meta. Então, devo escrever a minha meta? Sim, isso mesmo. Escreva, de forma bem especificada, as suas metas. E, de preferência, coloque o papel em um lugar bem visível. Pode ser a porta da geladeira ou do seu armário, de forma que você possa lê-las diariamente.

META ESPERTA

Para deixar bem claro como a meta deve ser elaborada, vamos ao passo a passo de uma meta "esperta"[1]:

Específica
Sistêmica
Positiva
Evidência
Recursos
Tamanho
Alternativas

ESPECÍFICA – volte ao início do texto e lembre-se do conselho mais importante: a meta deve ser específica e depender diretamente de você! Desta forma, nada de metas como "ser feliz", ou querer que o chefe seja mais educado. A linguagem deve gerar imagens, sons e sensações, ativando padrões neurológicos para originar novos resultados.

> *Exemplo*: O que você quer? Em que contextos? Para quando? O que, especificamente, você vai ver, ouvir e sentir quando estiver conseguindo?

SISTÊMICA – quando queremos alcançar algo, muitas vezes não pensamos que este objetivo poderá afetar outras áreas de nossas vidas: família, amigos, lazer etc. Portanto, ao criar uma meta, pense de forma sistêmica, considerando todos que serão afetados por ela, inclusive você.

> *Exemplo*: Como a realização da meta vai afetar sua vida? O que você vai ganhar ou perder? Ela é congruente com seus valores?

POSITIVA – como falado no início do capítulo, a meta deve ser positiva, isto é, em direção ao que se quer e não fugir do que não se quer. Nada de "não quero engordar", "não quero ficar reprovado". Da mesma forma, também

---

1 Para memorizar as sete qualidades de uma boa meta, repare que o Dr. Jairo Mancilha utilizou um processo mnemônico, uma excelente técnica que consiste em criar palavras ou frases com letras ou sílabas daquilo que se quer memorizar.

não use "eu quero parar de fumar", "quero viver sem preguiça". Lembre-se de que a meta deve gerar a imagem daquilo que você quer.

> *Exemplo*: Quero emagrecer; Vou ser aprovado; Quero ser saudável; Serei ativo.

EVIDÊNCIA – ao fazer um teste, você recebe uma nota, que nada mais é do que uma "pista" do quanto você sabe sobre tal assunto. Da mesma forma, ao estabelecer um objetivo, você precisa de "pistas" para saber se chegou até ele, ou até mesmo se está no caminho certo, se está próximo ou longe do que quer.

> *Exemplo*: Que evidências sensoriais/reais você tem para saber que está se aproximando da grande realização? O que está vendo, ouvindo e sentindo?

RECURSOS – identifique os recursos e capacidades que você já tem para chegar ao seu objetivo, e do que você precisa para chegar aonde quer. Podem ser recursos próprios e até humanos, ou seja, conversar com pessoas que alcançaram o objetivo que você deseja.

TAMANHO – preste atenção ao que você quer e veja se exige muitas operações ou outros objetivos para chegar até lá.

> *Exemplo*: se o seu grande objetivo é ser presidente de uma empresa, veja todos os passos que serão necessários para chegar até lá e divida este grande objetivo em "pequenas" metas, como fazer cursos, conquistar outros cargos etc.

ALTERNATIVAS – você precisa ser flexível para alcançar o que quer. Uma opção é limitada, duas cria um dilema e três permite a escolha. *Responda*: como você vai lidar com dificuldades ou desafios?

Ao falar de metas, vou mostrar-lhes aqui como tudo fica mais fácil quando seguimos uma trilha que vai levar ao nosso destino.

1) **Estruture seu objetivo.**

2) **O que você quer?**

Expresse-o na afirmativa. Lembre-se: o cérebro não registra o negativo, como você verá nos capítulos seguintes. Ou seja, não exprima um "**Não** vou continuar desempregado", pois a palavra "desempregado" já o faria pensar no desemprego e acessar tudo o que se relaciona com ele: imagem de tristeza, raiva, ansiedade. Transforme o objetivo na forma positiva, que vai gerar imagens positivas. Formule os seus objetivos em função do que quer, e não do que quer evitar. Assim, se deseja ser menos ansioso, pergunte-se:

"O que eu quero no lugar disso?" Você, possivelmente, ouvirá seu desejo na forma afirmativa: "Eu quero me acalmar." Do mesmo modo, se deseja ser um funcionário público: "Eu quero passar no concurso para..." Seja ousado!

Mais adiante, você saberá a importância da linguagem na formação de metas e no nosso crescimento pessoal. É importante ser ousado e generoso com você mesmo, não acha? Então, construa seus objetivos com linguagem positiva, sempre focando no que você quer. Exemplo: "eu quero ser aprovado no vestibular, porque...", "eu quero, posso e mereço passar, pois isto me fará mais feliz, conquistarei espaço, vou adquirir novos conhecimentos e, finalmente, poderei estudar naquela universidade que tanto desejo."

3) Evidências: como saberá que está sendo bem-sucedido?

Avaliar se está seguindo a direção certa é ter *feedback* preciso. Como saberá que está entendendo bem as aulas e fazendo um link para sua nova profissão? Como sentir a confiança de saber que vai passar? Confie nos seus sentidos, pense com detalhes como você verá, ouvirá ou sentirá quando for funcionário público e trabalhando no setor desejado. Esse procedimento permite que você se concentre na sua autoimagem. Especifique: onde, quando e com quem você estará realizando esse objetivo? Que efeito isso trará para você?

Imagine o seu objetivo com a maior clareza possível e considere em que contexto específico você deseja alcançá-lo – e, sobretudo, quais as situações e os locais próprios para isso acontecer. Quando você deseja alcançar esse propósito? Há uma data limite? A data também é importante para especificar ao cérebro a ideia de tempo. Para quem trabalha com provas, as datas já estão embutidas no processo. Mas quem está buscando outros objetivos deve escrever dia, mês e ano para ter uma direção e um prazo. Todos os seus prazos devem ter um tempo suficiente para que possa lhe proporcionar uma certa flexibilidade, não interferindo em seus ritmos.

De que recursos você dispõe para alcançar e manter a sua meta? Do que você precisa?

Você pode dispor de alguns recursos próprios, como flexibilidade, confiança, disciplina, segurança e paciência, entre outros, e precisar de auxílios externos, como por exemplo:

a) Informações e equipamentos: livros, internet, CDs, filmes, treinamentos, cursos, enfim, tudo o que possa aumentar o seu conhecimento. São muitas informações. Nesse caso, converse com alguém que já fez tal curso, escolha os seus recursos de acordo com o que você precisa.
b) Pessoas: quem são as pessoas que poderiam ajudá-lo? Pense em todos os recursos humanos: seus familiares, amigos, conhecidos pessoais, colegas do trabalho etc.
c) Encontre alguém que já tenha atingido um objetivo semelhante ao seu e converse com essa pessoa. Sem dúvida, a experiência dos outros pode nos enriquecer muito.

4) Ecologia: quais são as consequências mais amplas quando se atinge o objetivo?

Considerar a "ecologia" do sistema é avaliar como a conquista do objetivo irá afetar a sua vida, observando todos os aspectos externos e internos da mudança. Quem mais será atingido e como essas pessoas irão se sentir? Encare perspectivas diferentes: na sua vida pessoal, considere a sua família, o seu cônjuge, seus amigos e filhos. Do que você terá que abrir mão para alcançar esse objetivo? Sempre que você ganha alguma coisa, também perde outra, mesmo que trivial.

E, claro, o seu objetivo também deve ser coerente com a sua realidade. Por exemplo, se sou professora de História e estou fazendo uma prova para o mestrado em História da Arte, ótimo, é uma bela causa. Mas se fiz um curso de Letras e quero prestar vestibular novamente para Medicina porque Letras não remunera como eu esperava, ou porque fiz a faculdade para atender um desejo de meus pais e o meu sonho era ser médica, preciso fazer um levantamento do que realmente quero. Talvez aquele sonho de ser médica fosse uma admiração naquele momento por um amigo que morava na mesma rua, ou o orgulho dos pais de outrem. Ou, quem sabe, é isso mesmo que você quer, sonha e é frustrada até hoje por não ter tido coragem suficiente para fazê-lo. Se você perceber que ser médica (ou qualquer outro sonho que você tenha) é realmente o que deseja, deverá reorganizar sua vida para a conquista desse objetivo, reservando tempo para estudar e se dedicar a ele.

A PNL trabalha com resultados. Para conseguir o que quer, a primeira tarefa é definir seu objetivo claramente. Depois, é preciso estar receptivo para saber o que está acontecendo, e, finalmente, usar a flexibilidade para mudar o rumo dos acontecimentos até conseguir o que deseja.

SISTEMAS REPRESENTACIONAIS

Na escola, aprendemos os cinco sentidos: visão, audição, tato, paladar e olfato. Mas os professores não nos ensinam o quão importantes eles realmente são na nossa vida. A comunicação se inicia através dos sentidos. Também é vendo, ouvindo e sentindo que captamos o mundo, que assimilamos, armazenamos e codificamos as informações na nossa mente. Esse processo é o que a PNL chama de Sistemas Representacionais. Na PNL, são trabalhados mais os sistemas visual (usado para as imagens externas e internas), auditivo (utilizado tanto para ouvir o externo quanto o interno – ouvir música internamente, falar consigo mesmo e reouvir vozes de outras pessoas) e cinestésico (sensações de equilíbrio, toque e emoções), por serem os mais valorizados pelas culturas ocidentais. O paladar e o olfato, menos privilegiados, entram no sistema cinestésico.

Se eu perguntar a você, agora, o que está achando das matérias que está estudando, você me responderá baseando-se em seus sentidos. Quando acompanhamos o professor falar com o olhar, ouvindo sua voz e sentindo a emoção de assimilar e entender o que ele passa, isso realmente é o aprender. Daí a necessidade de o professor saber comunicar-se, dando prioridade à maneira como deve passar as informações, pois, como você verá, o conteúdo representa apenas 7% do impacto da comunicação. Os outros fatores, tom de voz e a linguagem corporal, têm peso maior. É o chamado carisma. A forma como o professor traduz nos gestos e na fala tudo o que quer dizer, e você entende sem grandes esforços.

Apesar de usarmos os cinco sentidos o tempo inteiro, temos a tendência a favorecer alguns. Uns são mais auditivos, outros mais visuais e outros ainda são cinestésicos. Não existe um sistema melhor que o outro, tudo depende da sua utilização.

Uma boa forma de descobrir o sistema preferencial de uma pessoa é prestar atenção à maneira como ela fala. As palavras, os verbos, advérbios e adjetivos "entregarão" o sistema preferido dela, e você conhecerá o Sistema Representacional Primário, o mais utilizado por uma pessoa.

Qual o seu Sistema Representacional mais utilizado? Vamos identificá-lo?

Perceba o que fala e veja em que sistema se enquadra mais. Abaixo, estão algumas palavras mais utilizadas pelos sistemas representacionais:

VISUAL	AUDITIVO	CINESTÉSICO
Vislumbrar	Falar	Tenso
Colorido	Gritar	Manipular
Olhar	Ouvir	Irritar
Brilho	Afinar	Concreto
Ilustrar	Agudo	Relaxar
Mostrar	Mudo	Pegar
Ver	Soar	Estresse
Examinar	Ritmo	Frio
Feio	Chamar	Magoar
Claro	Harmonia	Pegajoso
Focalizar	Tom	Pressão

Agora, através de seu diálogo interno, você poderá me perguntar o que os sistemas representacionais têm a ver com as técnicas para passar em provas e concursos. Como disse certa vez o escritor Aldous Huxley, as portas da percepção, os únicos pontos de contato com o mundo exterior, são nossos sentidos: olhos, nariz, ouvidos, boca e pele. E só usando e aguçando bem a nossa percepção, poderemos aprender melhor o que nos é passado e percebermos mais profundamente as matérias. Estar presente, ou seja, com todos os sentidos voltados para fora, é a melhor forma de aguçar todos os pontos perceptíveis. Em uma aula, por exemplo, quanto mais atento estiver, mais fácil e rápido você aprenderá. De que adiantará estar apenas de corpo presente na sala, e a cabeça viajando?

MOVIMENTOS OCULARES

Ao manter a atenção na sala de aula, você reterá mais e melhor os novos aprendizados. E como estar em prontidão e recuperar tudo o que você aprendeu? Pode parecer incrível, mas o movimento dos seus olhos pode ajudá-lo (e muito!) nisso. Sabe por quê?

Porque a posição dos nossos olhos muda de acordo com o que vemos, ouvimos e sentimos. Se eu pedir para você lembrar agora o que almoçou ontem, é provável que, para me responder, você tenha olhado para cima e para a esquerda. Esse é o movimento que a maioria das pessoas destras faz, inconscientemente, para buscar na mente a imagem de uma situação que viveu.

Agora, se eu pedir para você pensar em uma casa vermelha com bolinhas brancas em cima de uma árvore, provavelmente você vai olhar para cima e para a direita. Por que este movimento foi diferente agora? Porque você criou uma imagem de algo que nunca viu. Quando construímos a imagem de algo que nunca vimos, nossos olhos fazem este movimento.

A mesma regra vale para os sons, sensações, e até mesmo quando conversamos. Ou seja, ao lembrarmos algo que ouvimos ou sentimos, os nossos olhos também podem fazer determinados movimentos, como ilustrado no desenho abaixo.

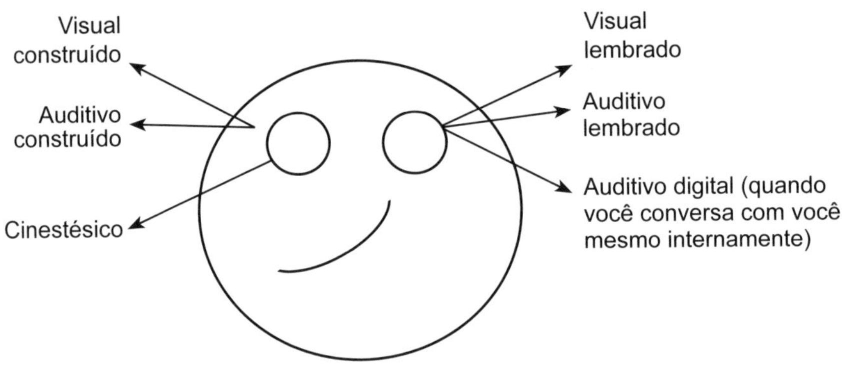

Voltando ao início da nossa conversa, os movimentos oculares desempenham um papel importante na nossa organização neurofisiológica, facilitando a retenção e a recuperação do aprendizado. Em outras palavras, lembre-se de utilizá-los a seu favor quando precisar lembrar-se da matéria aprendida, ou das dicas importantes do professor.

ESTRATÉGIA DE MEMORIZAÇÃO UTILIZANDO OS MOVIMENTOS OCULARES

No livro *Aprendizagem dinâmica*, de Robert Dilts e Todd Epstein, os autores ensinam um método de memorização utilizando os movimentos oculares. Segundo eles, as pessoas com a memória afiada utilizam a mente para formar uma imagem mental clara das informações retidas.

O exercício a seguir mostra como aprender a gravar equações, ou qualquer outra coisa, por meio da formação de imagens mentais. Aqui, o exercício foi adaptado para você memorizar uma determinada matéria:

1 – Coloque a matéria lida (livro, caderno, apostila etc.) à sua frente, de maneira que você possa vê-la facilmente;

2 – Feche os olhos e pense em alguma coisa familiar e relaxante. Pode ser um cenário familiar, ou a cena de um filme, e então coloque nele toda a matéria. Quando o sentimento estiver forte, abra os olhos e olhe para a matéria;
3 – Mova os olhos para cima e para a esquerda (posição do visual lembrado) e imagine a matéria em sua mente, escrita na sua cor predileta;
4 – Olhe para a sua imagem mental e anote o que está vendo sobre a matéria. Compare o que você escreveu com a matéria correta. Se estiver incorreta, volte ao passo número 1;
5 – Olhe para a sua imagem mental e leia a matéria de trás para frente (escreva a matéria da direita para a esquerda). Compare a matéria. Se estiver incorreta, volte ao passo número 3.

A mente pode ver somente aquilo
que ela está preparada para ver.
Edward de Bono

Os Quatro Estágios da Aprendizagem

Eis o ciclo da aprendizagem apresentado pelo Dr. Jairo Mancilha, diretor do Instituto de Neurolinguística Aplicada (Inap), em sua apostila do curso *practitioner* em PNL.

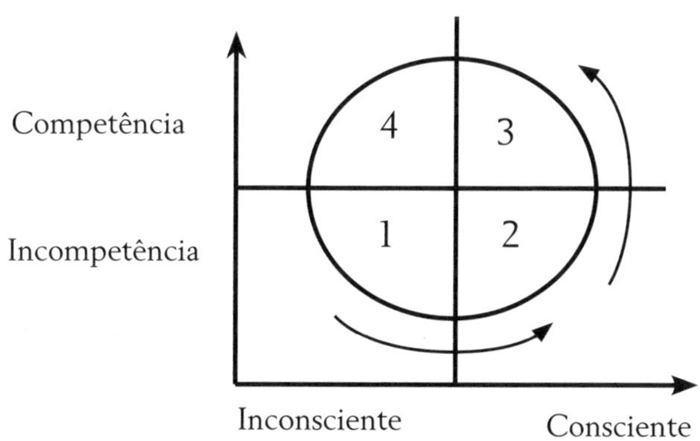

Na figura, vemos quatro estágios da aprendizagem:

1 – Incompetência inconsciente: você não sabe, e não sabe que não sabe.
2 – Incompetência consciente: você tem consciência de que não sabe. Por exemplo: você sabe que não domina português.

3 – Competência consciente: você aprendeu português, por exemplo, e tem consciência de que está dominando o assunto.
4 – Competência inconsciente: quando você aprende a dirigir ou a andar de bicicleta, o aprendizado já se torna inconsciente e você não esquece mais.

MODELO TOTS

Imagine a cena: você quer ouvir música e seu rádio não está ligando. Ao examinar o aparelho, você repara que as pilhas estão fracas. Logo, você as substitui por duas novas, testa novamente, e pimba! O rádio volta a funcionar. Simples certo? Pois esta estratégia de verificação, ação e teste novamente pode ser utilizada em qualquer situação da vida. Ela é a base do modelo TOTS (*teste-operação-teste-saída*).

O modelo TOTS (MILLER *et al.*, 1960) parte do princípio de que todos os programas mentais e comportamentais estão voltados para um determinado objetivo, seja ele consciente ou inconsciente. No caso do exemplo acima, seu objetivo era ligar o rádio. Depois, partimos para o teste/ação que nos levará à meta. Se não chegamos aonde queremos, fazemos alguma operação ou mudança (no caso a troca das pilhas) para alcançar o objetivo. Se o novo teste for bem-sucedido, partimos para outras ações.

O TOTS é um modelo geral que podemos utilizar para nos tornarmos mais eficientes em qualquer atividade. Comparamos aquilo que temos com aquilo que desejamos e buscamos reduzir a diferença da próxima vez.

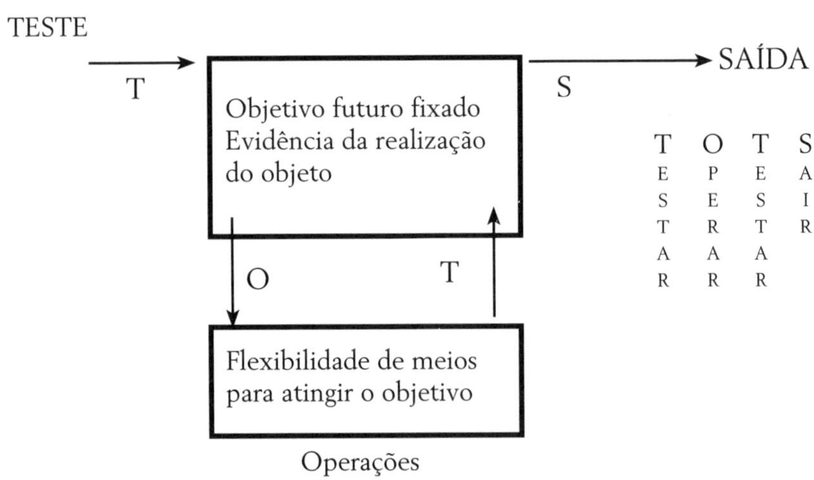

(Diagrama extraído do livro *Aprendizagem dinâmica* 2, p. 198.)

EXERCÍCIOS

Para uma aprendizagem eficiente, duas estratégias são extremamente importantes. A primeira, como já vimos, é estabelecer a meta. A segunda é a metacognição, que nada mais é do que estar presente, tomando consciência de que está aprendendo as novas informações transmitidas.

A técnica a seguir, também extraída da apostila do Dr. Jairo Mancilha, chama-se: Perguntas para Evocar a Estratégia de Aprendizagem.

1) **CONTEXTO:** Imagine uma situação futura, em que você quer aprender alguma coisa. O que você fará? Lembre-se de alguma ocasião em que foi capaz de aprender bem e com facilidade. Por exemplo, andar de bicicleta.

2) **TESTE PARA COMEÇAR:** Como você sabe que é hora de aprender?; Como você escolhe alguma coisa que sabe que vale a pena aprender?

3) **OPERAÇÃO:** O que você faz para aprender isso?; Que passos você precisa dar para aprender?

4) **TESTE:** O que demonstra que você foi capaz de aprender?; Como você sabe que aprendeu alguma coisa?; Como você sabe que não teve sucesso?"

5) **SAÍDA:** O que faz você para saber que está pronto para se mover para algo mais?; Como é a sensação de saber que você aprendeu alguma coisa muito bem?

O exercício abaixo, extraído do livro *Aprendizagem Dinâmica 2* (p. 201/202), vai ajudá-lo a explorar a estrutura de uma das suas estratégias de aprendizagem. Por isso, reserve alguns minutos para responder as perguntas abaixo:

1. Que matéria você está buscando aprender?
2. Que objetivos ou metas de aprendizagem está procurando atingir com relação a essa matéria?
3. O que usa como evidência para saber que está atingindo esses objetivos de aprendizagem?

4. O que faz para alcançar os objetivos – quais os passos e atividades específicos que usa para atingir os seus objetivos de aprendizagem com relação a essa matéria?
5. Quando você encontra problemas inesperados ou dificuldades para atingir os seus objetivos de aprendizagem com relação a essa matéria, qual é a sua resposta a eles? Quais as atividades ou passos específicos que você realiza para corrigi-los?

Examine as suas respostas às perguntas do TOTS e veja que elementos você pode identificar:

1. Contexto

Quais os aspectos perceptivos do contexto ou da matéria estavam mais envolvidos para estimulá-lo a aprender efetivamente?
Alguma coisa que você viu?
Alguma coisa que você ouviu?
Alguma coisa que você sentiu?
Alguma coisa que alguém disse?
Alguma coisa que você disse a si mesmo?

2. Objetivos

Como você representou cognitivamente os seus objetivos nesse contexto?
Visualizando-os na imaginação?
Lembrando deles visualmente?
Desenhando-os?
Verbalizando-os para alguém?
Verbalizando-os para si mesmo?
Lembrando-se verbalmente de alguma coisa?
Sentindo-os?

3. Evidência

Que processos cognitivos ou sensoriais você usou para avaliar o seu progresso em direção aos seus objetivos?
Alguma coisa que você viu?
Alguma coisa que você ouviu?
Como você sentiu?
Alguma coisa que você imaginou?
Alguma coisa que você disse para si mesmo?

4. Operações

Que processos cognitivos ou perceptivos você usou com relação a atingir os seus objetivos?

Fantasiando?	Diálogo interno?	Emoções?
Sentimentos intuitivos?	Memória visual?	Tocando?
Desenhando?	Discutindo?	Movendo/fazendo?
Observando?	Escutando?	

Relembrando palavras ou instruções?

5. Resposta aos problemas

Que processos cognitivos ou perceptivos você ativou em resposta aos problemas?

Imaginando opções?	Diálogo interno?
Sentimentos intuitivos?	Emoções?
Relembrando palavras ou instruções?	Lembrando-se visualmente das opções?
Desenhando?	Discutindo?
Tocando?	Mudando ações?
Observando?	
Escutando?	

APRENDIZADO IMPOSTO × MOTIVADO

Nas escolas, as crianças aprendem muitas matérias das quais esquecem a maior parte, pois em geral não aprendem a aprender. Aprender a aprender exige um nível mais alto de habilidade do que aprender um assunto específico. O objetivo da PNL é tornar um aprendiz melhor em qualquer assunto.

Para isso, ela faz uma distinção entre dois tipos de aprendizado: o imposto e o motivado. No aprendizado imposto, não há motivação nem objetivo. Você aprende apenas por uma necessidade. Em termos práticos, assistir aulas ou ler um determinado capítulo do livro apenas para decorar, porque estão cobrando, e porque você tem que responder questões sobre aquele assunto. Infelizmente, é esse tipo de aprendizado que o sistema pedagógico tem utilizado nas escolas, concentrando-se no currículo, e deixando de lado o processo de aprendizagem. Conclusão: os alunos têm mais dificuldade em assimilar a informação. E, quando assimilam, esquecem rápido por falta de um contexto. Aprender a aprender requer a compreensão do significado em que está se exigindo a memorização. Ter a concentração apenas em notas limita os alunos e os desvirtua da importância das informações que estão aprendendo.

Já no aprendizado motivado, o indivíduo tem vontade de aprender e objetivos claros. Ele não só lerá quaisquer capítulos, como questionará alguns pontos com o professor. Aquele assunto terá um peso maior, pois ele representa mais um degrau para a conquista de uma meta.

Nesse processo, memória e lembrança são elementos importantes, pois sabemos que aprendemos quando lembramos da informação. E é sobre a memória que vamos falar nos próximos capítulos.

NÍVEIS DE APRENDIZAGEM

O antropólogo britânico Gregory Batson, autor de inúmeros livros sobre comunicação e teoria dos sistemas, identificou os níveis básicos de aprendizagem e mudanças. Na verdade, esses níveis podem se ampliar para todos os aspectos de nossas vidas. Vão desde os ambientes em que circulamos, passando por nossos comportamentos, capacidades, crenças, identidade e espiritualidade. Agora, imagine: de que adianta você ter crenças positivas, se seu comportamento está incongruente com suas crenças? Ainda está difícil de entender? Vamos ser mais claros. Por exemplo: você pode acreditar que vai passar. Porém, não estuda nem frequenta as aulas do cursinho. Perceba que há um desnível nisso. Da mesma forma, também não adianta ter o comportamento adequado, no caso estudar de forma eficiente, se acredita não ser capaz de passar em nenhum concurso.

Portanto, é preciso que o seu objetivo esteja alinhado em todos esses níveis. E a sua aprendizagem também. Afinal, cada um exerce um efeito e uma influência diferentes no aprendiz, e um depende do outro. São eles:

Níveis Lógicos

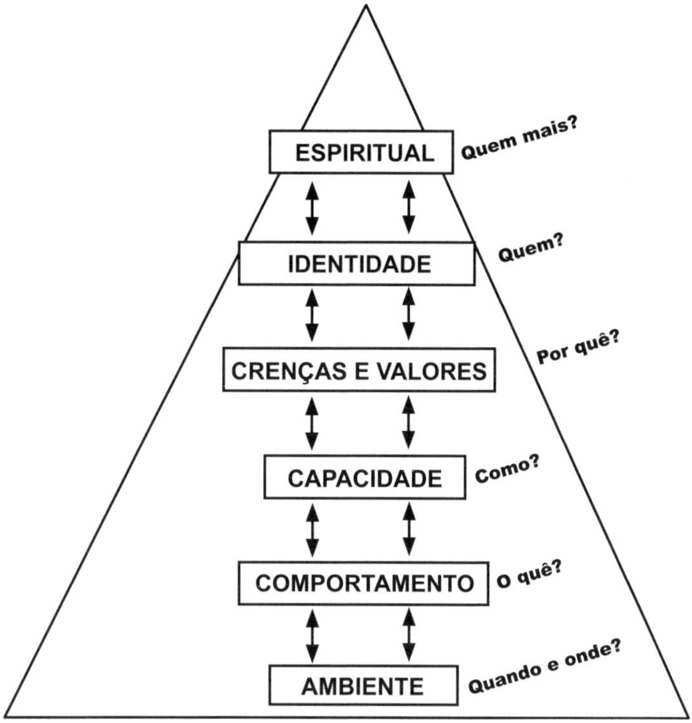

Espiritual – Está relacionado a algo maior do que você.
A quem mais você está ligado no seu objetivo.
Exemplo: "Tenho fé de que passarei nesse exame."

Identidade – É o que sou, o que penso sobre mim e meus valores.
Tem relação com o *quem* da aprendizagem.
Exemplo: "Eu sou um excelente aluno."

Crenças – Envolve tudo o que acredito sobre mim, os outros e a vida.
Tem relação com o *porquê* da aprendizagem.
Exemplo: "Quem estuda sempre passa."

Capacidades – Abrange as habilidades e estratégias que desempenhamos na vida.
Tem relação com o como da aprendizagem.
Exemplo: "Sei que aprendo facilmente todas as matérias."

Comportamentos – São as ações que desempenhamos em todas as circunstâncias, e independem de nossas capacidades e habilidades.
Tem relação com o que da aprendizagem.
Exemplo: "Sei que tive um bom desempenho na prova."

Ambiente – Tudo o que nos rodeia.
Tem relação com o onde e quando da aprendizagem.
Exemplo: "O cursinho tem me ajudado a compreender melhor as aulas."

Avaliando esses níveis, perceba que não são raras as vezes que fazemos confusão entre eles. Por exemplo: um aluno que não foi bem em determinada prova fala para si mesmo: "Eu sou um burro mesmo." Perceba que o fato de ele não ter se saído bem no exame está relacionado a um comportamento (estudar pouco, falta de concentração, problemas pessoais, dispersão etc.), e não à identidade. Se o aluno se achar burro e acreditar que seu mau desempenho foi em função do que ele é, não tomará as atitudes necessárias para mudar o comportamento errôneo e melhorar na próxima prova. Conclusão: nos exames seguintes, é muito provável que não obterá sucesso, até mesmo para provar para ele mesmo que não consegue notas boas porque é burro, e assim justificar sua crença.

Segundo Robert Dilts, uma mudança no nível inferior não causará, necessariamente, uma mudança nos níveis superiores. Contudo, modificando os níveis altos, será possível alterar os níveis mais baixos. Por exemplo: se o aluno que se considera burro mudar sua concepção da própria identidade e perceber que é uma pessoa inteligente e capaz, sua crença e seus comportamentos mudarão também. Por outro lado, se ele mudar o comportamento, isso não refletirá na sua identidade. Ele poderá estudar mais, obter mais concentração, porém ainda continuará se considerando "um burro".

Sugiro pesquisar também a "Pirâmide de Maslow". No site www.williamdouglas.com.br há um artigo sobre ela.

MEMÓRIA

O que é memória? Para alguns cientistas, a memória é um processo, e não uma localização específica no cérebro. A memória está localizada em diversas áreas distintas do cérebro, e não em um determinado local. Cada estímulo (som, palavras, emoção, movimento etc.) é registrado separadamente, mesmo sendo elementos de uma única situação.

É importante lembrar que existem diferentes memórias. E, para cada uma, existem diferentes caminhos. A memória Semântica, por exemplo, tem curta duração e precisa de grande motivação. A Episódica pode durar anos e está relacionada com tempo e situações vivenciadas. Por exemplo: você lembra o que estava fazendo quando soube dos atentados de 11 de setembro? A do tipo Procedimento também é conhecida como aprendizado corporal e memória motora. Aprender a dirigir.

Estudos já comprovaram que retemos pequena parte do que lemos, um pouco mais do que ouvimos e mais ainda do que vemos. Logo, concluímos que diminuímos a capacidade da nossa memória quando utilizamos apenas um dos sentidos. Quando os nossos cinco sentidos estão voltados, juntos, para a aprendizagem, podemos reter quase toda a informação passada.

MEMÓRIA E APRENDIZAGEM

Em um concurso, ela reina como deusa. Ela é uma das partes mais importantes em todo o processo. Passamos um bom tempo estudando e colocando nela milhares de informações, todas coerentes e controvertidas. Nenhuma seleção é feita e, abarrotada de lixo, eis que chega o grande dia do concurso! Aquele dia que decidirá sobre nossos destinos. E aí? Vamos desesperados buscar as informações e ela nos sabota. Ela, a soberana MEMÓRIA!

Aprender a reter a informação que queremos, e na hora que precisarmos ela estar ao nosso dispor, é uma vantagem que buscamos a cada momento. Que estratégias podemos utilizar para, na hora sagrada, ela nos entregar, de mãos beijadas, as preciosas informações das quais precisamos tanto para determinar nossas vidas?

Muitos alunos que estudam muito e não conseguem reter as informações acham que têm memória fraca. Estão enganados. Todos temos memória, e se o desempenho de alguns é melhor perante outros pode ser devido ao processo de memorização utilizado. Observe como você memoriza e perceba como pode desenvolver essa capacidade.

A mente consciente não tem capacidade para reter muitas informações condensadas. Para decorar, pode-se agrupá-las em pequenos blocos. O que você fez para lembrar dos números do seu CPF? Muitas pessoas responderiam que dividiram o número de 11 dígitos em grupos de 3. Claro que é possível você decorar um bloco grande de informações. Porém, ele não ficará na memória durante muito tempo.

Um psicólogo americano, George Miller, apresentou em 1956 um trabalho chamado *The number seven, plus or minus two* (O número 7, mais ou menos 2). São segmentos de informações sem tamanhos predeterminados que podem incluir dirigir um carro enquanto converso com um colega. Esse processo inconsciente é o mesmo de quando você aprendeu a andar de bicicleta. Você cria hábitos para prestar atenção a outras coisas.

Enquanto nossa consciência limita-se a cerca de sete (dois a mais ou a menos) segmentos de informação, nosso inconsciente abrange todos os processos naturais do nosso organismo, tudo o que aprendemos, nossas experiências anteriores e tudo o que podemos observar, mas não o fazemos no momento presente. O inconsciente é muito mais sábio do que o consciente.

Uma outra estratégia de memorização é encontrar um meio de unir, através de imagens, todas as informações que precisa guardar. É como se você criasse um filme na sua mente. Por exemplo: para decorar as palavras árvore, maçã, cachorro, nuvem, rua, lápis e cadeira, você poderá construir a seguinte associação: a maçã da árvore caiu na rua, perto do cachorro, que subiu na cadeira com o lápis na boca e olhou para a nuvem. Memorizar assim fica mais fácil do que decorar as palavras separadamente.

Deu branco?

Atire a primeira pedra quem nunca se deparou com aquele famoso "branco"! Ele não é sabão em pó, mas pode deixar a nossa mente "limpinha" em algumas situações, sobretudo em provas. Você sabe por que isso acontece?

Por certo, você já deve ter ouvido falar em inteligência emocional. Ela é regida pelo hemisfério direito do cérebro, e difere de nossa inteligência intelectual. Algumas vezes, estas duas inteligências "enfrentam alguns embates". Imagine, por exemplo, o presidente de uma grande empresa, com excelente preparo intelectual, não conseguir falar em público? Num caso assim, o equilíbrio emocional "boicota" a inteligência intelectual. Da mesma forma, isso acontece no momento do "branco". E a culpa é da ansiedade.

Em situações de pressão psicológica, em que há estresse e o medo da falha, como em uma entrevista de emprego ou prova, algumas pessoas são tomadas por uma forte ansiedade, que age como uma "amnésia" temporária, e bloqueia o acesso à informação retida.

No livro *Aumente sua inteligência* (p. 39-41), a autora Nanci Azevedo Cavaco explica que isso pode ocorrer de três maneiras:

- quando você tem a certeza de já ter visto "aquele" assunto em algum lugar, mas não consegue lembrar;

- quando você simplesmente tem o bloqueio que faz com que acredita nunca ter visto aquele assunto em lugar algum;
- quando tem a palavra na ponta da língua e não consegue "colocá-la para fora" (o que chamamos de lapso de memória).

Segundo Nanci, a ansiedade pode estar presente mesmo quando se acredita não estar nervoso. Ela pode se manifestar de várias maneiras: tremores ou sensação de fraqueza; tensão ou dor muscular; inquietação; fadiga fácil; falta de ar ou sensação de fôlego curto; palpitações; sudorese, mãos frias e úmidas e; boca seca. Fique atento também quando estiver com aquela inquietação que te impede de cumprir um mínimo de tempo estudando sem interrupções.

"Um nível alto de ansiedade provoca distorções na percepção, fazendo com que pessoas muito bem preparadas intelectualmente percam sua vaga para outras com o intelecto em condições inferiores, mas que foram recompensadas por terem mais equilíbrio emocional, com condições de administrar melhor o nível de ansiedade gerada pelas circunstâncias de estar, por exemplo, sendo avaliadas". (op. cit.)

Para fugir do branco, durma bem antes da prova, evite a fadiga, mantenha a calma e respire profundamente. Caso o tema interesse a você em maior profundidade, veja os capítulos 6 e 7 do livro *Como Passar em Provas e Concursos* e o livro *Leitura Dinâmica e Memorização*.

Exercite a memória

Como estimular a memória? Existem diversas maneiras simples que podem ser usadas no dia a dia:

1) Aprenda novas habilidades. Por exemplo, se trabalha em uma empresa, aprenda a dançar, isso vai estimular seus circuitos neurais e sua motivação.
2) Faça intervalos frequentes: é necessário fazer pausas a cada 30 a 50 minutos durante o estudo, e procure beber água nesses intervalos. O nosso corpo é composto de 70% de água, além de favorecer a atenção.
3) Fique atento! – Use a sua memória seletiva procurando focar aquilo que acha importante para você, afastando de si todos os outros pensamentos.
4) Lembre-se! – Você pode se lembrar de qualquer informação que queira, é só querer.

5) Leia e releia! – Reveja o material estudado. O cérebro aprende por repetição.
6) Associe fatos a imagens: aprenda técnicas mnemônicas. Elas são uma forma eficiente de memorizar certas informações.
7) Sono: um bom sono é o auxiliar de uma boa aprendizagem; durante o sono profundo, o cérebro se desconecta dos sentidos e processa, revisa e armazena a memória.
8) Relaxar: é mais fácil lembrar quando estamos relaxados e calmos do que tensos e estressados.
9) Após uma aula, crie o mapa mental do assunto que foi aprendido. Você irá aprender a fazê-lo nas próximas páginas.
10) Em um momento relaxado, feche os olhos e visualize as informações.

O nosso cérebro é o melhor brinquedo já criado: nele se encontram todos os segredos, inclusive o da felicidade.
Charles Chaplin

Novidades da área

Grandes descobertas foram feitas nessa área recentemente. Pesquisadores da Universidade de Wisconsin – Madison (EUA) descobriram que a antecipação de um fato desagradável aciona áreas da memória antes que a experiência aconteça, e o fato fica registrado como uma coisa ruim. É o caso do candidato que, em uma prova para concurso, pode sentir tanto medo que esta sensação ficará gravada no cérebro e esse medo poderá vir à tona toda vez que ele for submetido a uma prova, o que certamente prejudicará o seu desempenho.

Outra pesquisa divulgada pela Universidade da Califórnia (EUA) mostra que, se o indivíduo aprende algo enquanto se dispersa com outras coisas (por exemplo, enquanto assiste às aulas, conversa com amigos ou lê outras coisas, situação muito comum hoje em dia), a chance de se recordar do que aprendeu é muito pequena. O próprio estresse do dia a dia poderá comprometer a retenção das informações. A reorganização na própria rotina é interessante, e priorizar as informações também. Leia apenas os e-mails mais importantes, use agendas com anotações e arquive documentos em pastas separadas. Outra saída é ficar menos tempo em frente à televisão.

MAPAS MENTAIS

Os mapas mentais são utilizados para ajudar na memorização do conteúdo aprendido. Procure resumir uma aula ou um assunto fazendo mapas mentais, em vez de anotações soltas. O mapa mental também pode ser aplicado em apresentações, planejamento pessoal, reuniões e resolução de problemas. O esquema que explicaremos a seguir é uma adaptação do princípio de mapeamento mental criado por Toni Buzan.[2] Pegue uma folha em branco e escreva o tema principal no centro, junto com um símbolo que melhor o representaria. Crie ramificações com os temas relacionados e escreva palavras-chave por linha. Você pode usar figuras e símbolos, e letras coloridas, pois as cores estimulam o cérebro e facilitam a memorização. Para aprofundamento nesse tema, ver o livro *Mapas Mentais e Memorização para Provas e Concursos*, de William Douglas e Felipe Lima.

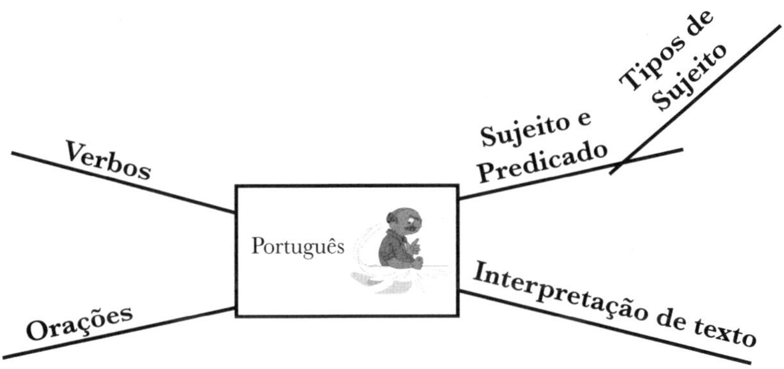

EXERCÍCIO PARA OTIMIZAR O ESTUDO

A maneira mais eficaz para uma leitura acelerada é a visualização do texto, criando assim um mapa mental do tema central e das outras informações secundárias. Lembro que estas imagens precisam ser entendidas por você. Os leitores velozes criam uma imagem grande do que estão lendo e vão complementando esta imagem com outras informações enquanto continuam lendo.

---

2 *Apud* DRYDEN, Gordon; VOS, Jeannette. *Revolucionando o aprendizado*. São Paulo: Makron Books, 1996.

Este exercício, extraído do livro *Aprendizagem Dinâmica 2*, de Robert Dilts e Todd Epstein, vai auxiliá-lo a organizar melhor a leitura para que possa otimizar seus estudos.

Um fator que influencia a velocidade de leitura é ter algum tipo de estratégia de "pré-organização". Isso envolve revisar e organizar aquilo que vocês já sabem a respeito do assunto sobre o qual estão lendo, bem como estabelecer um objetivo para o que vão ler a seguir. Fazer o mapa visual é uma parte desse processo de "pré-organização". A outra parte inclui algumas perguntas simples que vocês farão a si mesmos antes de começarem a ler. Por exemplo, enquanto pensam no assunto relacionado ao material de leitura, façam-se as seguintes perguntas:

1. *Qual é o meu objetivo ao ler esse material? O que desejo fazer com o que aprender?*
2. *O que é interessante e importante para mim, e como posso aprender mais lendo esse material?*
3. *O que já sei sobre esse assunto?*
4. *O que quero aprender sobre o assunto? O que quero procurar no texto? (Isto é: Quem? O quê? Quando? Onde? Por quê? Como?)*

Enquanto fazem essas perguntas para si mesmos, comecem a criar uma imagem ou um filme em sua mente, representando e abrangendo aquilo que já sabem sobre o assunto. Vocês também podem desenhar um mapa visual, como fizemos na seção anterior.

Essas perguntas irão ajudá-los a ficar melhor preparados e focalizados enquanto estão lendo. Assim, pulem as partes que já sabem, se quiserem, e focalizem aquilo que desejam aprender. Em vez de serem passivos, vocês terão uma ideia daquilo que querem procurar no texto enquanto estão lendo. Dependendo dos seus objetivos, pode ser mais importante saber "quem" está fazendo alguma coisa, ou "o que" está sendo feito. Para alcançar um objetivo diferente, talvez vocês queiram focalizar o "como" ou o "onde" está sendo feito.

Esse tipo de estratégia de pré-organização irá ajudá-los a filtrar as informações mais relevantes. Vamos realizar a experiência a seguir, para vocês perceberem como funciona.

Peguem alguma coisa que estejam lendo e, enquanto olham para ela, apenas repitam em sua mente: "Quem, quem, quem, quem?". Não tentem "ler" nada. Apenas olhem para a página. A maioria descobre que os nomes das pessoas tendem imediatamente a saltar à sua frente. É uma forma de usar a mente inconsciente para ajudá-los a filtrar. As perguntas funcionam como ímãs. E se vocês estiverem fazendo uma pergunta: "Como, como, como, como?", esse tipo de informação tenderá a vir para o primeiro plano de sua percepção, ajudando também a evitar a subvocalização, porque vocês já estão preenchendo o seu canal auditivo com outra coisa, e não com a pronúncia das palavras.

A LINGUAGEM A SEU FAVOR

Quando o assunto é expressão, não abordamos apenas a comunicação verbal. Falamos com o corpo e com o tom de voz também. Uma pesquisa concluiu que o conteúdo verbal corresponde a 7% do impacto da comunicação. O tom de voz corresponde a 38%, e a linguagem corporal, isto é, a não verbal, a 55%.[3]

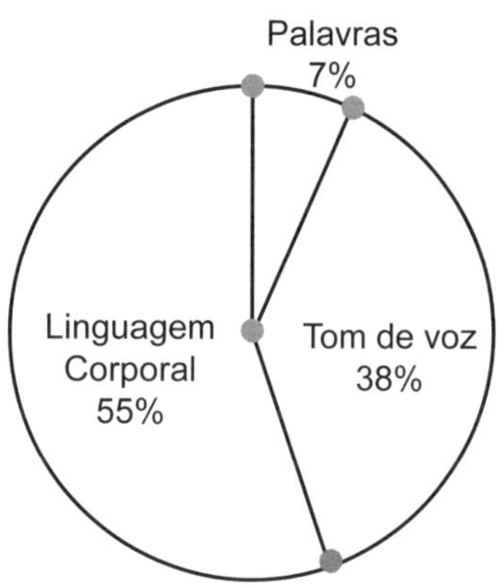

Como sabemos, o nosso cérebro é dividido em dois hemisférios: direito e esquerdo. De uma maneira muito simplista, dizemos que o hemisfério direito é responsável pelo lado emocional, e o esquerdo, pela razão. Embora tenham funções diferentes, em muitos casos eles se complementam. É o que acontece quando adquirimos uma informação.

O hemisfério esquerdo cuida da linguagem. Ele processa a informação de maneira analítica e racional. O lado direito, conhecido como hemisfério dominante, trata da informação de maneira mais holística e intuitiva. Ele não capta o conteúdo verbal, mas sim como esse

3 MEHRABIAN, Albert; FERRIS, Susan R.: "Inference of attitudes from nonverbal com-munication in two channels". In: *The Journal of Counselling Psychology*, vol. 31, 1967, p. 248-252.

foi passado. Ou seja, o tom de voz, os gestos que acompanharam a fala, a postura corporal. Conclusão: estamos nos comunicando o tempo todo. A nossa postura, a roupa que vestimos, o jeito com que andamos, tudo passa uma mensagem.

É possível criar imagens positivas para acelerar o nosso aprendizado. Em sala de aula, por exemplo, veja a declaração de um professor: "Não cometam muitos erros, ou vocês não vão passar na prova." Que imagens estão sendo criadas? Erre e falhe. Por quê? Porque o cérebro não entende a palavra não. Se eu pedir a você que NÃO pense em um cachorro vermelho, o que acontece? Você pensou, certo?

Da mesma forma, isso acontece quando o professor fala no negativo. Assim como a imagem do cachorro vermelho veio na sua cabeça quando eu pedi para não pensar nele, o professor fez o mesmo com os alunos: os fez pensar em imagens negativas.

Portanto, é importante você dizer tudo o que quer em linguagem positiva, para gerar imagens positivas e de sucesso em sua mente. Os professores que estão preparando turmas para passar em concursos também devem ter a mesma preocupação. O professor poderia ter dito: "Procure acertar o máximo que puder e receberá uma nota excelente."

Exprimir com clareza os desejos é um meio de fortalecer a autoestima, na medida em que você passa a assumir o controle da sua vida. É soltar-se para dentro de si e ouvir sua própria voz, que deve sempre ser sua amiga e apoiá-lo.

Quantas pessoas, neste momento de estudo, falam para desistir. Dizem que concurso é uma fábrica de dinheiro, que a concorrência é grande e que as vagas já estão preenchidas antes mesmo do concurso sair. Isso, às vezes, pode abalar sua estrutura e talvez possa deixá-lo confuso em relação ao seu próprio desempenho. Mude imediatamente! Erga a cabeça, afinal você é um atleta, e retome sua postura de vencedor.

Os auxiliares linguísticos

As palavras e as posturas que usamos podem tanto nos potencializar, como também nos limitar. Portanto, é importante que você fique atento ao que fala, e como fala. Abaixo, temos exemplos de palavras e expressões que podem ser obstáculos na nossa vida.

- Cuidado com o **Não**! Como o cérebro não compreende essa palavra, você acaba formando a imagem do que não quer. Procure falar o que você quer. Por exemplo: "**Eu quero** passar no concurso", em vez de "**Não quero** ficar desempregado".
- Evite a palavra **Mas**, pois ela nega tudo o que você disse antes. Por exemplo: "Eu sou capaz, preparada, competente, mas...". Procure substituir Mas por E.
- Risque do seu vocabulário a palavra **Tentar**! Quem tenta não faz. Quando você diz aos amigos e à família, por exemplo, que vai tentar passar no concurso, já pressupõe que talvez não passe.
- Evite falar **Devo**, **Tenho que** ou **Preciso**, que retiram a sua responsabilidade. Substitua-as por **Quero**, **Decido** e **Vou**. "Eu quero e vou passar nas provas do vestibular."
- Cuidado com as expressões **Não posso** ou **Não consigo**. Elas passam a ideia de incapacidade e já impedem o passo em busca do que você quer.
- Quando falar sobre as suas dificuldades, utilize o verbo no passado. Por exemplo: "Eu não conseguia aprender português."
- Fale das mudanças desejadas para o futuro utilizando o verbo no presente. Diga "**Vou conseguir**" ou "**Estou conseguindo**".
- Substitua **Se** por **Quando**. O "se" condiciona o seu desejo a algo, e o "quando" pressupõe que vai realizá-lo. Por exemplo: Em vez de dizer "Se eu estudar, passarei", diga "Quando eu estudar, passarei".
- Diga **Sei** em vez de **Espero**. Esperar também traduz a ideia de que a conquista da sua meta não depende de você. Em vez de dizer "Espero passar", diga "Eu sei que vou passar".
- Substitua o **condicional** pelo **presente**. Em vez de dizer "Gostaria de pedir a você...", diga "Peço a você que...".

OS RELACIONAMENTOS INFLUENCIAM NA APRENDIZAGEM

Como já sabemos, a linguagem interfere diretamente em nossos aprendizados. E, agora, tratarei de outros dois fatores que influenciam no processo educacional: as tarefas e os relacionamentos.

Vamos começar com exemplos: William Douglas citou na modelagem (no capítulo II deste livro) que apreciava História e Geografia porque o pai lecionava essas disciplinas. Assim como William, milhares de pessoas dizem se destacar em determinada área por influência de alguém, como pai, mãe, irmãos, amigos ou professores, e não descrevem capacidades mentais ou comportamentos específicos que os fazem sentir facilidade em tais matérias. Muitas vezes, ou quase sempre, respondem à pergunta "O que o faz ser eficiente nessas matérias?" com respostas do tipo: "meu pai era excelente nisso!" ou "eu tive um ótimo professor" e mais "admirava minha mãe".

E se fizermos a mesma pergunta a um professor, ressaltando o que o faz gostar tanto de ensinar tal disciplina, teremos respostas como "meu pai me apoiava", ou "minha namorada acreditava em mim".

E você? O que responderia?

Perceba que todas as respostas são focadas em relacionamentos e identidades. O mesmo acontece com os atletas. Em geral, quando lhes é perguntado sobre o que o faz ou fez ser tão bom naquele esporte, em geral respondem que é o treinador.

Segundo os autores Dilts e Epstein, no livro *Aprendizagem Dinâmica I*, apenas lembrar do relacionamento estimulante do treinamento ativa um conjunto mais completo e integrado de neurologia do que a lembrança de determinado desempenho.

Outro clássico exemplo é a criança que apresenta um bom desempenho em uma série, e, ao passar para a seguinte ou mudar de escola, começa a ter dificuldades que não tinha antes. O rendimento cai, e os pais não entendem o porquê da mudança. Até descobrirem que na nova escola ou série ela está com problemas de relacionamento com professores ou colegas, interferindo assim na aprendizagem.

"Relacionamentos confusos e desestimulantes afetam diretamente o processo educacional", afirmam, ainda, os autores.

Também envolvendo essa questão são pessoas que, ao serem aprovadas nos concursos públicos, passam a se isolar do convívio social ao assumirem os cargos, gerando dificuldades nas tarefas diárias.

Portanto, é importante ter em mente que a aprendizagem está intimamente ligada a essas duas dimensões (relacionamentos e tarefas) e precisam ser consideradas eficazes em qualquer tipo de atividade ou ensino.

A IMPORTÂNCIA DA ASSERTIVIDADE

Você não precisa concordar com a visão de mundo dos outros, apenas respeitá-la. Colocar para os outros os seus pontos de vista, e não apenas partilhar suas normas de conduta, é o que faz a assertividade. Esse conceito envolve, por si mesmo, o que irá ou não fazer, e assumir consequências e responsabilidades pelas suas decisões.

Como se tornar assertivo?

No livro *Com a corda toda: autoestima e qualidade de vida,* o autor Karim Khoury nos oferece alguns itens importantes. São lembretes de cuidados que podemos seguir. Simples, porém poderosos.

1) Seja claro

Fique atento para o modo como vai falar. Cumpra a decisão de responder "não". Se você já tinha decidido estudar, responda com honestidade, sem inventar desculpas a um amigo que o chamou para ir ao cinema: "Este mês eu decidi só estudar, obrigado."

2) Seja objetivo

O medo da rejeição nos faz expressar os nossos desejos de uma forma indireta. E esse temor acaba complicando ainda mais a comunicação. Por exemplo: você está assistindo aula, e um grupinho ao seu lado, conversando. Em vez de se irritar e sair do lugar, ou ficar resmungando até que eles percebam que estão atrapalhando, prefira ser direto: "vocês se incomodam de conversar lá fora? Estamos em aula." Agindo assim, você assume a responsabilidade do que sente, e age para que o seu desejo seja realizado. O fortalecimento da autoestima se dá quando tomamos providências para cuidar de nós próprios.

Aprendendo a dizer "não"

Sem justificativa, seja direto e objetivo. Basta assumir a responsabilidade pelos seus atos. Longas explicações que justifiquem o seu comportamento denotam culpa. Aquela de não ir ao cinema com o amigo ou namorado porque você decidiu estudar naquele período, ou resolveu abrir mão de outros lazeres para cumprir sua promessa, implicaria uma série de explicações; imagine, deixar de assistir ao filme juntos só porque decidiu estudar? Mas você já havia assumido um compromisso com você mesmo de abrir mão "apenas por um período". Além disso, tudo sobreviverá após o concurso. E, para realizar o seu objetivo vale tudo, não?

O contato visual, postura, tom de voz e linguagem são elementos básicos para sermos assertivos nos nossos comportamentos. Ficar atento quanto ao seu tom de voz poderá mudar o sentido da mensagem que você quer transmitir. Pratique, fique diante do espelho antes daquela prova oral que decidirá sobre o seu destino de ser juiz e se permita a oportunidade de praticar e de cometer alguns tropeços. Eles servirão de *feedback* para as próximas repetições.[4]

4 Para saber mais sobre sua atitude e os impactos que ela pode ter sobre seu desempenho na "maratona" dos concursos leia o capítulo XI , "Atitude, Inveja, Corpo e Saúde".

Capítulo 2

Estratégias para o estudo

A FISIOLOGIA NO PROCESSO DE APRENDIZAGEM

Faça agora um exercício: imagine uma pessoa deprimida e perceba a sua postura corporal. Por certo, você dirá que esse indivíduo estará com a cabeça baixa, com os membros presos ao corpo e feições fechadas, certo? Em algumas terapias, o profissional trabalharia com essa fisiologia para mudar o estado dessa pessoa deprimida. Ou seja, faria com que ela levantasse a cabeça e soltasse o corpo. E, acredite, isso já faria uma grande diferença! Corpo e mente se relacionam e se influenciam o tempo todo. Por isso, a fisiologia fornece uma alavanca poderosa para influenciar os estados e processos mentais.

A fisiologia pode tornar-se uma âncora para você controlar os seus próprios estados emocionais, influenciando a sua aprendizagem. Por exemplo: se você estiver em uma sala de aula com uma postura relaxada, quase deitado na cadeira, o seu corpo passará a mensagem para sua mente de que aquilo não é sério e, provavelmente, fará com que você se desligue da aula. A maioria achará difícil conseguir aprender de maneira efetiva com a cabeça baixa e os ombros para frente. Esse tipo de fisiologia dificultará sua inspiração. Na sala de aula, normalmente, as pessoas têm uma postura mais ereta. Quando estão ouvindo, em geral inclinam-se para trás e cruzam os braços ou abaixam levemente a cabeça. Ao sentir algum tipo de emoção, inclinam-se para frente e respiram de maneira mais profunda. Essas pistas não indicarão se o sentimento é positivo ou negativo, apenas que a pessoa está tendo acesso às suas próprias emoções.

A postura ideal para aprender e facilitar a memorização do aprendizado é estar com todos os sentidos (visual, auditivo e cinestésico) voltados para fora, com uma postura ereta. Em outras palavras, você deve estar presente na sala, e procurar desligar todos os seus diálogos internos e pensamentos.

A parte intelectual sempre foi prioridade na aprendizagem tradicional, e é claro que ela tem o seu valor, mas esse é apenas um aspecto. Está provado que, quando levamos em conta só o intelecto, é pouco provável que haja uma compreensão ampla. Hoje, pouco me lembro das coisas que aprendi naquelas aulas (ou quase nada).

Os nossos estados mentais influenciam a nossa comunicação. Eles são os filtros tanto de quem recebe a mensagem, como de quem a envia. Eles são as emoções, os pensamentos e a fisiologia que expressamos em determinados momentos. Nossos pensamentos influenciam nossa fisiologia, e como mente e corpo são uma coisa só, se mudarmos nosso estado emocional, o mundo externo também mudará.

Mas, como é possível mudar o estado para se comunicar melhor, aprender e ser mais feliz? Sabemos que as atividades físicas estimulam e organizam outras atividades neurológicas. O ensino e a aprendizagem também dependem dos processos mentais de quem está ensinando e de quem está aprendendo. Alguns atletas precisam de estímulos mentais para mexer com emoções e obter um bom desempenho. Outros precisam relaxar ou meditar para unir o corpo à mente. Muitos só obtêm resultados efetivos numa situação de estresse, respondendo àquele velho ditado: "É numa situação de dificuldade que as pessoas se revelam."

Tive um aluno que deixou se aproximar a data do vestibular para estudar exaustivamente. Isso lhe rendeu o 5º lugar em Medicina. Ele lembrou que adorava desafios e só conseguia resultados quando se desafiava. Usava a fisiologia para se estimular, pois estudava, em geral, na academia, na esteira ou bicicleta. Algumas vezes, é numa situação difícil que as pessoas são forçadas a utilizar de maneira melhor os seus recursos internos. E quando não estão numa situação difícil? Elas precisarão criá-las para funcionar bem. Mas nem todos funcionam dessa forma.

Para reforçar o assunto em evidência, compartilho esta experiência, para que também possam aprender com ela.

Estava em uma comemoração, quando ouvi os comentários de uma garota que faz parte do grupo de amigas da minha filha. Contava ela que, de tanto estudar para as provas da OAB, ficou completamente esgotada. Já iria para sessões de terapia e, provavelmente, teria que tomar calmantes. Realmente, ela não parava de falar e parecia que o mundo iria acabar amanhã.

Interessada em saber mais sobre sua rotina, fiz aquelas perguntas de praxe: como estudava, quantas horas... e, pasmem! Ela falou que fazia faculdade de manhã (terminando Direito), corria para o estágio na Procuradoria, onde trabalhava até às 18 horas, e depois, como se não bastasse, ia para o cursinho, onde permanecia até às 22 horas. Depois dessa jornada, voltava para casa, engolia alguma coisa e se trancava no quarto até às 3, 4 horas da manhã. Em seguida, tomava um banho rápido e (tentava) cochilar rapidamente, pois já eram 6 horas e tinha que correr para a faculdade novamente.

Ela me falou que, às vezes, colocava o relógio emborcado para não ver as horas passando na madrugada adentro. E, neste ritmo alucinante, foram-se dois anos. E o que a abalava mais era a cobrança dela própria: "será que sei mesmo a matéria toda? Será que estudei tudo? Consegui me aprofundar mesmo em Direito Penal? Vou acertar as questões?" Além desta pressão interna, durante a realização das provas ela olhava as perguntas e, por incrível que pareça, não conseguia lembrar de nada. As letras se embaralhavam, a cabeça fervilhava. Era um bombardeio de informações, e não conseguia concatenar as ideias.

Durante a prova da OAB, o instrutor que a acompanhou percebeu seu estado e a aconselhou a lavar o rosto, se acalmar, mexer os braços, pois estava muito tensa e, daquela maneira ela não iria passar. Não deu jeito. Ela entregou a prova, foi embora, arrasada, e ainda por cima culpando-se por não ter estudado o bastante.

Perguntei-lhe:

– Mas, e os estudos todos os dias? E as revisões no cursinho? E todas as horas de sono estudando? Você ainda acha que não estudou o suficiente? Ou você estudou tanto que não teve tempo de aprender?

Neste instante, seus olhos encheram-se de lágrimas. Finalmente, entendeu que aqueles esforços não foram bem aproveitados, e só serviram para levá-la ao estresse. Conclusão: teve que parar todas as atividades para cuidar da saúde, e o objetivo de passar vai ter que esperar o tempo certo.

Ao observar os três elementos básicos de qualquer comportamento – suas crenças (acreditar que é capaz de passar, que vale a pena); suas estratégias (a maneira de estudar), que iriam ajudá-la a organizar o conteúdo; e finalmente a fisiologia (estar sentada confortavelmente, lendo, aprendendo) – entendi o porquê das suas dificuldades: faltou-lhe uma melhor disciplina para que alcançasse sua meta.

Para tantos concursandos que estejam cometendo os mesmos comportamentos, procurem se observar e se corrigir. Você não é medido pelo excesso de esforços, mas pelo grau de aprendizagem que consegue reter. Provavelmente, o estudo de madrugada, após um dia exaustivo, não acrescentará muito. Afinal, como sua mente conseguiria, ainda, assimilar mais informações? E como ela poderia concentrar-se nos estudos nesta situação? Lembre-se: mais vale uma hora de estudo bem aproveitada, do que 10 horas sem concentração.

Por mais que pareça simples, o caso acima revela como alguns hábitos podem influenciar na aprendizagem. Dormir mal, não se alimentar direito e estudar em horas e locais inapropriados afastarão você da aprovação. Adquira comportamentos que estejam de acordo com seu objetivo.

É importante fazer esse paralelo entre a fisiologia e o desempenho sobre o processo de ensino e aprendizagem. Como exemplo, peço para você pensar numa ocasião em que estava inspirado para fazer uma prova, com toda a energia, programado para aquele objetivo. Reviva esse momento plenamente agora. Isso! Lembra da nota? E você aprendeu muito, sabia de cor todas as questões. É o processo da aprendizagem consciente: eu sei que sei.

Agora, compare essa experiência com outra em que você se encontrava distraído, com pensamentos vagos e inseguro da matéria. Analise as pistas comportamentais e sinta a diferença. Perceba que mesmo as mais sutis exercem influências no seu desempenho.

Tendo acesso e conhecendo essas pistas, você terá esses estados de recursos de forma mais consciente e objetiva. Quanto mais conhece essas pistas comportamentais, mais você saberá se está em um estado positivo para uma prova e, ao mesmo tempo, terá essas ferramentas que lhe permitirão retomar esse estado eficiente sempre que for necessário, criando para si mesmo uma liberdade emocional que lhe dará mais segurança, vivenciando os altos e baixos emocionais da vida, e aprendendo com eles.

Em alguns cursos, onde estamos tão interessados em aprender aquele conteúdo, nos transportamos para um nível mais amplo, ouvimos interessados, existe uma harmonia, um elo que transcende nossas limitações individuais. Saímos dali maiores, se nos for perguntado sobre o conteúdo daquele treinamento falamos sobre ele como um filme, pois valorizamos o que aprendemos.

A aprendizagem depende do estado mental, e também dos processos mentais. É importante reconhecer a influência do comportamento, mesmo quando se trata de aspectos fisiológicos sutis sobre o desempenho. Quando os atletas treinam para desempenhar o seu papel, eles preparam o seu estado mental utilizando algum tipo de "deixa" física. Quem não lembra da jogadora de basquete Hortência momentos antes de fazer uma cesta? Ela se concentrava e respirava fundo antes de jogar a bola. Nesse caso, a fisiologia potencializava seu desempenho.

Na Copa de 1998, porém, assistimos a um exemplo claro de como o estado emocional também pode influenciar negativamente no sucesso de um objetivo. A pressão sofrida pelo jogador Ronaldo "Fenômeno" gerou-lhe até uma convulsão na véspera da final da copa. Recordam? Outro episódio foi na Copa do Mundo de 2006, quando o jogador francês Zidane perdeu o controle e deu uma cabeçada no atleta do time adversário. E tratava-se de um dos melhores jogadores do mundo. Todos ficaram estarrecidos com a agressão. Em 2014, tivemos mais um exemplo com o goleiro Júlio Cesar que, desestabilizado, não conseguiu retomar o controle e evitar o famigerado 7 x 1.

A linha que investiga as interações entre comportamento, funções neurais e sistema imunológico é chamada de "Psiconeuroimunologia". As evidências físicas do entrelaçamento de mente e corpo são extraordinárias. Sabe-se, por exemplo, que as vísceras (coração, pulmões, rins, fígado e estômago) e todas as glândulas são comandadas por feixes de nervos dos sistemas simpático e parassimpático. Eles devem conviver em equilíbrio constante.

A postura dos professores

Se sabemos muita coisa hoje foi porque, um dia, nos esforçamos, passando horas assimilando conteúdos. Eu lembro vagamente que virava a noite com o livro do lado e, por mais que lesse aquelas matérias, muito pouco retinha. Lembro da inquietação, principalmente quando não conseguia entender o que o professor falava, pois meus pensamentos vagueavam para outras coisas, principalmente problemas familiares.

Só acompanhava os gestos do mestre, porque a mente ficava lá fora vasculhando imagens bem longe da sala de aula.

Que diabos, depois de ter passado uma hora ali sentada, saía dali sem saber nada! E assim se repetia, até que eram marcadas as provas. Aí começava a peregrinação. Teria que aprender e decorar aquele amontoado de matérias em pouquíssimo tempo, lendo, preparando questionários, virando as noites, desesperada. E ainda precisava reservar tempo preparando a cola. Escrevia letrinhas miúdas em pequenos papéis e os transformava em sanfoninhas. Era péssimo, aterrorizante aquele estágio. E, embora estivesse confiante por estar com a minha cola ali naquele minúsculo papel, quase sempre não conseguia abri-lo, pois o pavor de ser pega era tanto que lembrava, às vezes, das respostas por osmose. Acabava memorizando por repetição o conteúdo. Fui salva muitas vezes. Infelizmente, para muitos, esta é a técnica tradicional de aprendizagem. Recheada de medos, angústias, pressões e enganos.

Os métodos de aprendizagem usando PNL consideram o estado emocional prioritário. As coisas tornam-se mais fáceis quando você aprende fazendo associações com o conhecimento, em um bom estado emocional. E os professores devem criar esses estados nos seus alunos, motivando-os, colocando humor nos seus conteúdos, preparando aulas mais atrativas e movimentadas, com cores que desenvolvam o lado criativo do cérebro. Isso facilita a memorização das informações.

Os professores também têm fundamental importância na determinação de crenças e posturas dos alunos dentro da sala de aula. É o caso do Efeito Pigmalião, termo cunhado pelo professor de sociologia da Columbia University, Robert Merton, para explicar como as expectativas do outro influenciam na nossa forma de ser e agir.

Para analisar justamente a influência dos professores sobre os alunos, os psicólogos sociais Robert Rosenthal e Lenore Jacobson desenvolveram um importante estudo.[1] Em uma escola do ensino fundamental, eles aplicaram um teste de inteligência em todas as crianças das 18 salas de aula. De início, porém, esses testes não representariam nada. Por sorteio, os psicólogos escolheram 20% dos alunos em cada sala, e disseram aos seus professores, que por sua vez desconheciam o sorteio, que os resultados do teste de inteligência mostravam que aquelas crianças poderiam ter resultados excelentes durante o ano escolar.

1 ROSENTHAL, R.; JACOBSON, L. *Pygmalion in the classroom: Teacher expectation and pupils' intellectual development*, 1968.

Dessa forma, os psicólogos criaram uma expectativa nos professores, já que as crianças sorteadas nada tinham de diferente dos outros alunos. No final do ano, todas as crianças foram novamente submetidas ao teste de inteligência. E, surpreendentemente, os alunos sorteados apresentaram resultados superiores aos do restante dos colegas. E isso porque os professores, acreditando que havia nelas uma dose a mais de inteligência, as trataram como tal. Como já apregoou certa vez o filósofo alemão Goethe: "Trate um homem como ele é e ele permanecerá como é. Trate um homem como ele pode e deveria ser e ele se tornará o que pode e deveria ser."

As pessoas são formadas pelas partes física, emocional, intelectual e espiritual. Se a aula envolver mais de uma parte, ou todas elas, mais possibilidades os alunos terão de aprender, pois estarão mais comprometidos no processo. Os planejamentos das aulas devem criar um contexto no qual os alunos possam experimentar seu melhor estado emocional de aprendizagem. Embora as aulas sejam para o grupo, cada pessoa é diferente e aprende de uma maneira distinta. Que recursos você pode utilizar para abranger o grupo e para que todos possam aprender?

Numa aula ou treinamento, utilizar exercícios físicos é dar energia ao corpo. É interessante incluir movimentos para afastar a monotonia de um conteúdo. Colocar sentimento despertará a emoção na aula. O bom professor sabe fazer isso bem, falar com a alma. Alterando o tom de voz, criará empatia e ampliará o interesse. Conclusão: a aprendizagem será mais produtiva.

Rosenthal[2] sugere alguns caminhos aos professores para motivar o aprendizado:

1) **clima afetuoso** – crie um clima amigável, que possa contribuir para uma comunicação mais ampla.
2) **criar desafios** – invista na instrução dos alunos, mas desafie-os com metas elevadas que os impulsionem a crescer, a se superarem.
3) **oportunidades de acerto** – crie oportunidades que os ajudem a acertar, como tempo e outras condições, que aumentem as suas chances de atingir metas elevadas.
4) ***feedback*** – informe-os, por meio de palavras e comportamentos, sobre como estão se saindo na execução de suas tarefas (profissionais ou escolares).

2 O'CONNOR, Joseph; SEYMOUR, John. *Treinando com a PNL*. Summus: São Paulo, 1996.

PERGUNTAS DE SUCESSO

Quem faz mais perguntas aprende mais, e essa é outra estratégia de aprendizagem. Quando você não pergunta ao professor, ele, que não tem bola de cristal, não tirará suas dúvidas. Existem várias vantagens quando fazemos perguntas numa aula. O aluno esperto já leu a respeito e tem em mãos as matérias que serão dadas durante o curso. Acompanha com disciplina tudo o que o professor ensina. Então, prepara com antecedência suas perguntas (inteligentemente), e utiliza-as para ilustrar seus apontamentos. Lembre-se de que a qualidade de suas perguntas reflete na qualidade do seu raciocínio. Elas orientam a comunicação. São ferramentas poderosas que favorecerão os seus objetivos. Quando as fizer, saiba aonde quer chegar.

Quando fazemos perguntas inteligentes e inseridas no contexto, o professor saberá respondê-las ou nos dará a possibilidade de pesquisarmos mais sobre aquele assunto. Por não sabermos perguntar ou não conhecermos o assunto da aula, constrangemos o professor e até a turma, fora o tempo que se perde. Ganhar tempo é aprender mais.

Uma das melhores maneiras de fazer a turma aprender mais é incentivá-la a fazer mais perguntas como: "Alguma pergunta?"; "Observem quais as perguntas mais úteis para vocês e só perguntem quando estiverem prontos"; "Que perguntas até agora sobre a matéria?"

TÉCNICAS DE PNL PARA O ESTUDO

Âncoras

Por certo, você já viveu a experiência de ouvir uma determinada melodia no rádio, e mesmo estando em qualquer lugar, fazendo qualquer coisa, imediatamente lhe vem à mente aquele momento que o marcou profundamente. A música representa o que a PNL chama de âncora. Ela foi o gatilho que trouxe aquela lembrança. Um perfume, um lugar ou uma palavra podem ter o mesmo efeito. As âncoras, em geral, são externas e estão relacionadas com os sentidos. Podemos ter âncoras auditivas (música, tom de voz, sons), visuais (sinal vermelho, telas, roupa) e cinestésicas (toques e sensações).

Cada pessoa tem suas próprias histórias de vida, cheias de experiências positivas e negativas. Para buscar esses momentos, precisamos de um gatilho, isto é, uma associação que nos evoque a lembrança original. Ele pode ser natural, como a música do rádio, ou podemos criá-lo, fazendo nossas próprias âncoras. Elas são ferramentas poderosas para trazer para o presente momentos em que fomos bem-sucedidos.

E como transferir recursos emocionais positivos de experiências passadas para situações atuais? Como trazer aquelas experiências positivas de quando se fazia uma prova excelente para agora, com aquele estado emocional totalmente seguro? Embora as âncoras sejam externas, e a princípio pareçam vir "por acaso", nós podemos criá-las. E, com isso, todas as questões anteriores são respondidas.

Eis alguns passos para realizar esta transferência. Sentado confortavelmente, feche os olhos e pense em uma situação em que tinha todos os recursos necessários. Talvez numa prova do colégio, em que você estava tranquilo e confiante, ciente de que dominava a matéria. Afinal, você quer agora ter novamente aqueles recursos que teve no momento daquela prova excelente, para a qual você foi seguro, calmo e confiante.

Escolhida a situação de sucesso, ouça o que você ouviu, sinta o que sentiu e veja o que você viu. Agora, sinta como se estivesse no passado. Leve o tempo que for necessário. Quando estiver se sentindo como naquela situação, crie uma âncora: pode ser apertar a mão direita ou cruzar um dedo. Pronto! Você tem agora uma âncora de sucesso ao seu dispor. Quando precisar desses recursos, dispare a âncora. Esse gatilho agora o fará sentir-se forte e cheio de recursos.

Swish

Outra técnica fácil e de forte efeito da PNL é o *Swish*. Ela tem como objetivo modificar um comportamento ou estado problemático. No nosso caso, vejamos aqueles hábitos de não gostar de estudar, ou de protelar a revisão do conteúdo dado e acumular o material até o dia da prova. São hábitos comuns de muitos alunos. Para modificá-los e substituí-los por novos comportamentos, como, por exemplo, logo após cada aula, fazer uma revisão e exercitar aquela matéria dada, e sentir prazer no estudo, aplique esta técnica e verá que é fácil mudar esses comportamentos indesejáveis.

1) Antes de tudo, identifique o comportamento que quer mudar e analise o que acontece anteriormente ao comportamento. Por exemplo: se você não gosta de determinada matéria, provavelmente antes de começar a estudá-la os pensamentos começam a invadir sua mente: "Isso é muito chato", "Nunca vou aprender isso", e por aí vai.
2) Feche os olhos e imagine-se com esse comportamento negativo. Como é essa imagem? Preta e branca? Ela é parada ou tem movimento? Pequena ou grande? Tem som? Qual a sensação que você tem ao ver essa imagem?
3) Agora, apague essa imagem e pense em uma outra imagem oposta a esse comportamento que quer mudar. Você pode escolher, por exemplo, uma imagem em que se vê gostando, entendendo e aprendendo aquela matéria. Procure sentir realmente a mudança. Neste momento, essa é a sua disciplina favorita. Imagine os recursos que você tem mudando esse comportamento. Perceba como é essa imagem. É colorida? Grande? Tem som? Que sensações agradáveis ela traz?
4) Feche os olhos e imagine duas telas na sua mente: uma grande, bem iluminada, como se fosse uma TV 60 polegadas, de led. Nessa televisão, você vê aquela primeira imagem, com a limitação que deseja mudar. Agora, no cantinho dessa tela, ao lado esquerdo, você vê a imagem que pretende alcançar. Essa tela é bem pequena, pouco luminosa, preta e branca.
5) Diga ou imagine a palavra "*Swish*"! Neste momento, as telas se invertem e você vê, na tela maior, a imagem do que você quer, vendo a sua motivação, o seu interesse, seu entusiasmo em aprender aquela matéria. Limpe tudo e refaça o exercício algumas vezes.
6) Quando estiver satisfeito, imagine-se no futuro com esse novo comportamento.

Ponte ao futuro

Esta é uma deliciosa técnica que permite vivenciar a realização prévia dos seus objetivos. A ponte ao futuro é uma espécie de ensaio mental. Vale lembrar que o nosso cérebro não faz distinção entre a realidade e o pensamento. Por exemplo: imagine-se chupando um limão agora. Qual a reação do seu corpo? Provavelmente, você salivou, como se fosse real.

Logo, quando imaginamos nossos objetivos realizados, nosso corpo também reagirá como se fosse verdade. Por isso, muitos profissionais bem-sucedidos ensaiam mentalmente suas ações, antes de colocá-las em prática. Isso prepara e aperfeiçoa o corpo para a situação real. Pensar positivamente aproxima-o do sucesso. Por exemplo: você quer passar no vestibular, e está estudando e se empenhando para tal.

A sua meta é entrar na faculdade. Então, você ancora um estado em que se saiu muito bem em uma prova, com todos aqueles recursos de tranquilidade, segurança e confiança. A ponte ao futuro é você andar na sua linha do tempo com esse estado de recursos e, lá na frente, vivenciar o seu futuro com a conquista dessa meta. Você pode ser bastante específico, imaginando, inclusive, como é a faculdade onde estuda, assistindo as aulas, conhecendo novos amigos na vida acadêmica, ouvindo o burburinho das pessoas, imaginando como serão os professores...Vá longe!

Gerador de novos comportamentos

O primeiro passo é escolher um comportamento que queira mudar ou aprimorar. Digamos que você deseja melhorar seu desempenho nos estudos, passando mais tempo debruçado nos livros. Agora, imagine-se desenvolvendo esse novo comportamento, com motivação e mais vontade de aprender. Neste momento, esse é seu filme e você é o diretor! Procure se ver no filme de maneira desassociada, como se aquela pessoa na tela não fosse você. Dirija a cena, escolha o cenário, o figurino do ator (no caso você) e a trilha sonora do seu filme. Analise como você atua na cena com esse novo comportamento. Se houver outras pessoas, observe as suas reações perante elas. Depois disso, entre em cena e assuma o papel de protagonista do filme! Nesse momento, você deixa de ser o diretor e passa a atuar. Perceba o que sente com esse novo comportamento, veja como você reage agora. Quando estiver consciente de que é possível adotar essa postura, dispare sua âncora preferida (aperto de mão, dedos cruzados, como queira).

Modelagem

Alguma vez na sua vida, você já deve ter-se perguntado por que aquele seu amigo obtém sucesso em tudo que deseja, e você nem sempre. Você se questiona o que ele pode ter que você não tem, o que ele faz para obter os resultados que deseja, que técnicas utiliza, como estuda... As respostas para essas perguntas geraram as técnicas, habilidades e pressupostos da PNL.

Em primeiro lugar, é importante você saber que possui os mesmos recursos e capacidades do seu amigo. Ou seja, ele não é melhor do que você. É, apenas, diferente. Logo, se ele obtém sucesso no que quer, você também tem tudo de que precisa para chegar lá.

Antes do surgimento da PNL, acreditava-se que a excelência era fruto de um talento inato de alguns poucos. Depois, os criadores dessa nova ciência compreenderam que, se utilizarmos nossa mente e nosso corpo da mesma maneira que faz uma pessoa com um excelente desempenho no padrão que queremos, obteremos os mesmos resultados. John Grinder e Richard Bandler chegaram a essa conclusão após modelar Fritz Perls, criador da Gestalt Terapia, Virgínia Satir, terapeuta familiar, e Milton Erickson, um famoso hipnoterapeuta. Investigando os padrões desses três excelentes terapeutas, Grinder e Bandler conseguiram obter os mesmos resultados que eles, e criaram uma ciência que reunia as melhores estratégias dos três, dando origem à PNL.

Esse processo da modelagem se divide em três fases:

1 – **Modelo** – A primeira é a fase da escolha do modelo. Pode ser um amigo, um professor, alguém que já tenha sido aprovado no concurso que você quer passar ou fazendo a faculdade que deseja. Escolhido o modelo, observe-o enquanto desempenha o comportamento desejado. Em seguida, imagine-se inserido na realidade dessa pessoa. Concentre-se naquilo que o outro faz, ficando atento à sua fisiologia e ao seu comportamento. Para isso, apenas observe-o. Para identificar sua estratégia de pensamento interno e no que ele acredita, pergunte "como" e "por quê".

2 – **Análise** – Na segunda fase, todos os elementos do comportamento do modelo devem ser analisados. Só assim você perceberá o seu diferencial, o que o faz alcançar o sucesso. Nessa fase, você avalia como a estratégia do seu modelo pode acrescentar à sua, o que pode ser importante e o que pode ser descartado. Sinta-se livre também para acrescentar o que falta e retirar o que queira.

3 – **Ensinamento das habilidades** – A terceira fase propõe uma maneira de ensinar essas habilidades a outras pessoas. E, se você consegue modelar com sucesso, obterá os mesmos resultados que seu modelo. É importante ressaltar, no entanto, que, como bem

> lembra Joseph O'Connor,[3] "cada pessoa é única e ninguém pode se tornar um Einstein, um Beethoven ou um Edison. Para obter os resultados que eles obtiveram e pensar da mesma maneira que eles, seria necessário ter a mesma fisiologia e também a mesma história pessoal de cada um".

Aplicando as mesmas estratégias de pessoas bem-sucedidas não significa que vá se tornar uma delas, mas será tão excelente quanto elas. Portanto, para obter a excelência, precisa-se apenas modelar qualquer comportamento que se queira, bastando, para isso, conhecer as crenças, a fisiologia e os processos mentais, isto é, as estratégias que estão por trás do comportamento.

Mas antes de entendermos mais sobre como modelar é preciso saber o que são estratégias. Elas são a maneira como alguém organiza seus pensamentos e comportamentos para realizar uma ação e estão relacionadas diretamente com as nossas crenças.

Como exemplo, podemos modelar o comportamento, crenças e estratégias de quem passou na primeira vez que realizou algum concurso público ou vestibular. Eis alguns exemplos de depoimentos de alunos que conquistaram esse objetivo.

Tânia era defensora pública, morava em Niterói, trabalhava em Nova Iguaçu. Depois de ser defensora pública, decidiu ser juíza, realizar seu grande sonho. Estudou ao longo de um ano, durante três horas por dia, diariamente, inclusive finais de semana. Ela gostava de estudar na mesa da sala, sozinha e sempre no mesmo lugar. Não gostava de ouvir nenhum barulho. Até mesmo um pássaro que cantava próximo à sua janela a incomodava. Para isso, usava fones nos ouvidos. Acreditava que só em ler retinha mais informações. E tinha certeza de que iria passar. Não fez cursos, e passou de primeira no concurso para juíza do Tribunal de Justiça.

No ano de 2008, apenas três pessoas foram aprovadas no concurso para juiz do Tribunal de Justiça do Estado do Rio de Janeiro. Entrevistei a Dra. Márcia Regina Sales de Souza, que foi a primeira colocada. Perceba as estratégias, veja como ela conseguiu a excelência que ela utilizou e modelem:

---

3 O'CONNOR, Joseph; SEYMOUR, J. *Introdução à programação neurolinguística: como entender e influenciar as pessoas*, 1995.

1. **Qual era a sua meta principal? Você acreditava que passaria neste concurso? Era um sonho?**
   Desde que surgiu a ideia de prestar concurso, a meta sempre foi a Magistratura Estadual. Assim, minha intenção nunca foi, simplesmente, a aprovação em um concurso público, mas sim a carreira de juiz. Era um sonho realmente.

   Fiz todas as provas deste concurso com bastante confiança; sempre acreditei que era possível, mas todo resultado é uma caixinha de surpresas...

2. **Fez cursos extras?**
   Quando assumi o sonho de me tornar magistrada, procurei um curso cuja preparação fosse bem direcionada para a carreira e, por esse motivo, fiz a prova de seleção e ingressei na Escola da Magistratura do Estado do Rio de Janeiro – EMERJ, no segundo semestre de 2004.

   Após a formatura na EMERJ (dezembro de 2006), fiz alguns cursos voltados especialmente para determinadas matérias – aqueles que se costuma denominar de "módulos", com duração mais reduzida que um curso "regular".

3. **Quanto tempo passou estudando?**
   Quase quatro anos e meio.

4. **Fale da sua rotina na época.**
   Durante os dois anos e meio na EMERJ, eu tinha aulas de segunda a sexta-feira, das 8h às 12horas. Na parte da tarde eu trabalhava e, então, praticamente não havia tempo para estudar. Por isso, eu estudava um pouco à noite e, para compensar o diminuto tempo de estudo durante a semana, eu passava todos os finais de semana e feriados estudando.

   Após a conclusão da EMERJ, eu passei a dedicar minhas manhãs ao estudo e a eventuais cursos.

5. **Estudava sozinha ou em grupo? Tinha algum ritual, ou seja, estudava no mesmo lugar, costumava ir à biblioteca? Lia mais ou escrevia mais? Que estratégias utilizava para memorizar todas aquelas matérias?**
   Eu estudava sozinha em casa e, quando acabei a EMERJ, passei a estudar na biblioteca, pela manhã. Fiz um grupo de amigos – que mantenho até hoje – que foi fundamental para a continuidade dos

meus estudos. Assim, embora cada um de nós estudasse sozinho, sempre estávamos juntos na biblioteca, apoiando-nos reciprocamente e discutindo os temas que chamavam nossa atenção.

O estudo em grupo mesmo se resumia a três horas por semana, durante as quais discutíamos os informativos do STJ e STF, que líamos previamente.

Eu lia bastante, mas para mim era fundamental escrever. Isso me ajudava na fixação das matérias e, assim, sempre que possível, eu resumia os livros. Tenho cadernos muito bons com as anotações das aulas, complementadas pelos resumos.

6. Como lidava com o estresse? Teve momentos em que dava vontade de desistir? Como lidava com esses sentimentos?

É inegável que o período de preparação para um concurso é muito difícil. A pressão que sofremos das pessoas, de um modo geral (ainda que de forma inconsciente), e de nós mesmos, é enorme. Mas eu estabeleci para mim que aquele caminho não tinha possibilidade de retorno; era uma via de mão única: a aprovação. Assim, eu evitava contabilizar os anos de estudo, ou colocar como obrigação a aprovação em certo tempo. Eu sabia que ia passar, não importava quando.

Acredito que, por isso, nunca senti vontade de desistir. Claro que passei por momentos especialmente mais difíceis que outros, de muito cansaço mesmo. Em algumas ocasiões parecia que meu esforço era em vão... Eu me permitia, portanto, ficar triste às vezes. Acredito que é natural desanimar, fraquejar... Faz parte de qualquer trajetória. Entretanto, tinha certeza de que estava fazendo tudo o que eu podia e isso me dava confiança para seguir em frente, com paciência – o que é fundamental.

7. Em que momento você teve a certeza de que passaria? Quais evidências a levaram a essa certeza?

Quando passei a obter aprovação para as provas específicas porque, para mim, significava a confirmação de que o estudo estava dando resultado.

8. No decorrer das provas, como foi o seu comportamento? E os sentimentos? Fale um pouco deste momento decisivo em sua vida.

Durante esse período eu evitei saber de comentários sobre as questões das provas, supostas posições de examinadores etc. Combinei com meus amigos que não falaríamos sobre as provas. Mas absolutamente todo o tempo disponível era dedicado a estudar. Principalmente, reler meus cadernos. Foi o momento em que concentrei toda a minha energia naquele propósito; nada mais importava. Fiquei tão absorvida nisso que o cansaço só apareceu depois das provas específicas.

9. **Enquanto aguardava os resultados, você acreditava que passaria? Foi surpresa?**

Como eu disse, fiz as provas com muita confiança. Eu queria tanto este concurso que acreditei sim na aprovação. Na verdade, o resultado foi uma consequência natural dos anos de esforço e dedicação. Por isso, não recebi a aprovação como uma surpresa. A surpresa mesmo foi o reduzido número de aprovados e a minha classificação.

10. **Como lidou com as provas orais? E no momento de falar em público? Isto a deixou nervosa? Fale um pouco desta experiência para que os alunos modelem sua estratégia.**

As provas orais sempre se constituíram na minha maior apreensão! Eu cheguei a assistir a realização de algumas provas orais, inclusive em um concurso que ocorreu pouco antes do meu, e não conseguia me imaginar naquela situação dos candidatos. Achava uma realidade ainda muito distante para mim. Entretanto, quando chegou a minha vez, embora eu tenha ficado extremamente nervosa em todas as provas, vi que era possível responder às perguntas com coerência. Pode parecer surpreendente para quem ainda não fez uma prova oral, mas é verdade: quem consegue aprovação nas etapas anteriores tem capacidade de passar bem nas provas orais.

Eu me preocupei em treinar, em casa, a falar por poucos minutos sobre alguns assuntos, porque normalmente o examinador pede ao candidato para comentar um tema, dentre os vários temas do ponto sorteado. Como se eu fizesse, mentalmente, uma pequena dissertação. Na hora da prova não aconteceu exatamente como eu planejei, mas a estratégia ajudou bastante.

11. **Finalizando, como foi a emoção quando viu o seu nome em primeiro lugar?**

É muito difícil descrever! Posso afirmar, contudo, que foi o momento mais feliz da minha vida até agora!

Não pelo fato de ter visto meu nome em primeiro lugar; isso não foi o mais importante. Fiquei orgulhosa, claro, mas o que me deixou feliz mesmo foi ter conseguido a aprovação no concurso que eu queria. A certeza da vitória, de ter conquistado exatamente o meu objetivo, é muito boa e plena.

Mas acredito que a sensação realmente marcante foi a de ter sido abençoada! Penso que isto existe sim: há um momento certo para tudo, embora nós não tenhamos a precisa compreensão dele. Hoje tenho absoluta convicção de que não obtive aprovação antes, em outro concurso, porque o momento certo para mim ainda não tinha chegado. Bom eu ter esperado e confiado, porque afirmo com muita tranquilidade que valeu a pena cada minuto! É preciso paciência, confiança e persistência, porque a recompensa é real.

Um outro exemplo é Marcos Bueno Penha, que foi aprovado no concurso para Procurador do Estado do Rio de Janeiro recentemente. Leia, a seguir, a entrevista feita com ele.

1. **Durante quanto tempo você estudou para concurso?**
   Estudei durante um ano aproximadamente. Trabalhava na Petrobras e saí apenas para me dedicar aos estudos. Não conseguia estudar e trabalhar, o estudo não rendia como deveria.

2. **Como você se organizou para estudar? Estudava sozinho ou em grupo?**
   Sempre estudei sozinho. Não gosto de estudar com ninguém. Cada um tem suas dificuldades e seu ritmo de estudo, penso eu. Estudava na biblioteca, pois era mais estimulante estudar nesse tipo de ambiente. Ficava lá de cinco a sete horas diariamente. E quando me sentia cansado, olhava ao redor e via as outras pessoas com a mesma determinação que a minha. E isso me estimulava a continuar estudando. Tinha metas diárias, como ler 150 páginas do livro tal etc. Quando não aguentava mais ler nada, ia para o cursinho, onde eu sentava e ficava só ouvindo os professores falando, sem anotar nada, só acompanhando a aula com o código na mão. Como eu disse, também estudava uma matéria por vez. Por exemplo: esse mês vou acabar Constitucional.

3. **Você acha que o curso fez diferença na sua aprovação?**
   Realmente não sei. Mas acho que tudo contribuiu um pouco. Acredito que o peso dos estudos na biblioteca é muito maior que o resto.

4. **Você acreditava que ia passar?**
Sim, tinha certeza disso.

5. **Diante da prova, como você se sentiu? Ansioso, calmo, preocupado, confiante?**
Depende. Nesse último concurso que passei (Procurador do Estado), eu fui muito tranquilo para as provas, sem compromisso. No de Promotor de Justiça, que eu não passei por um ponto, fiquei extremamente nervoso.

6. **Que obstáculos encontrou?**
O maior obstáculo é a dificuldade das provas, e, para mim, a "pressão" e a cobrança que eu mesmo fazia sobre mim.

E agora vocês me perguntam: como modelar a fisiologia do modelo?

É fazer o que a pessoa que você escolheu como modelo faz, imaginando como essa pessoa estuda, como ela folheia os livros, que tipos de livros ela escolheria, onde e como sentaria para estudar, acompanhada ou sozinha etc. Essa reprodução é a parte mais importante da modelagem, pois nos dá a vivência de como é fazer o que o nosso modelo faz. Podemos ir além, imaginando ser aquela pessoa, reproduzindo os padrões de movimento, postura, respiração e sentir o mesmo que ela sente, e com isso ter acesso aos recursos que ela talvez tenha levado anos para descobrir.

E as estratégias, como modelá-las?

Elas representam a maneira como se organizam os pensamentos e comportamentos, e sempre visam um objetivo positivo. Elas podem ser potencializadas ou limitadas pelas nossas crenças. Na verdade, são os movimentos do nosso comportamento.

Podemos também modelar as crenças, ou seja, o que as pessoas pensam a respeito da vida. Tem gente que acredita que a vida é dura, que é preciso sofrer muito para conseguir um bom emprego, estudar anos e anos para passar em algum concurso. E há também aquelas que acreditam que a indústria do concurso está falida, e que jamais conseguirá uma vaga, pois antes mesmo do concurso se realizar, todas já estarão preenchidas. Outras pensam que não adianta estudar tanto, lutar para enfrentar milhares de concorrentes quando só há pouquíssimas vagas. Porém, existem aquelas como Tânia, Márcia e Marcos, que acreditaram que podiam, que iriam conseguir e mereciam passar. Eles descobriram a eficácia de determinar objetivos, de enxergar problemas como oportunidades. Uma das maneiras mais simples de modelar as crenças de pessoas excepcionais é perguntar a elas por que fazem o que fazem. Suas respostas conterão revelações importantíssimas e fundamentais para o sucesso que obtiveram.

O *rapport* faz parte da modelagem e é uma relação de mútua confiança e compreensão entre duas ou mais pessoas. É a capacidade de provocar reações em outras pessoas. Também chamado de empatia, pelo processo de acompanhamento dos padrões comportamentais gerais, isto é, como a pessoa estuda, como é sua postura, os gestos, se ela tem um ritual. Entre em sintonia com ela para ter acesso aos padrões que ela usa para aprender. Compreenda o ponto de vista do outro de maneira plena, percebendo elementos importantes da sua fisiologia e de seus filtros perceptivos (ideias, experiências, crenças e linguagem que dão forma ao nosso modelo de mundo).

A FÓRMULA DO SUCESSO DO GURU DOS CONCURSOS, WILLIAM DOUGLAS

> O fracasso nunca me alcançará se minha vontade de vencer for suficientemente forte.
>
> Og Mandino, em *O maior vendedor do mundo*

Bem, já vimos que é possível modelar algumas estratégias utilizadas por pessoas que obtiveram sucesso na área que desejamos. E, após conhecer os exemplos de alguns candidatos que conquistaram seu lugar ao sol, agora você vai descobrir as ferramentas utilizadas pelo "guru" dos concursos e coautor da presente obra, William Douglas, para passar em tantas provas e concursos.

A modelagem foi feita por mim, Carmem Zara, e pela psicóloga e especialista em Programação Neurolinguística, Dulce Gabiate, em agosto de 2009. Tomamos como ponto de partida a análise da estratégia mental, que consiste em um conjunto de pensamentos e ações realizadas por um indivíduo para alcançar uma meta estabelecida.

Quando nos propusemos a fazer essa modelagem, fizemos apenas um apanhado das estratégias de aprendizagem utilizadas por uma pessoa que passou em várias provas e concursos, e em boa parte deles conquistando o disputadíssimo primeiro lugar. Ele se tornou um dos homens mais admirados neste ramo. Não é o por acaso que William Douglas é carinhosamente chamado de "guru" dos concursos.

Suas valiosas estratégias agora serão aproveitadas por milhares de pessoas para obter os mesmos resultados. Como já expliquei, a modelagem é uma das mais importantes técnicas de PNL para o alcance das metas.

Também é importante lembrar que o comportamento físico e mental de uma pessoa é resultante de seus pensamentos e emoções (como veremos melhor nos próximos capítulos), que são influenciados por seus filtros mentais (crenças, valores, memórias, decisões, além da interpretação de tudo que ocorre em sua vida).

Breve biografia

Pela vida cigana do pai, um professor e servidor público que mudava muito de local de trabalho, William Douglas residiu em vários locais, como Magé, Volta Redonda, Macapá e Niterói. Por conta disso, foi privado de amizades longas e teve uma educação conservadora e bastante disciplinada. Além das suas horas de estudo, ajudava sua mãe nas tarefas domésticas. O pai lecionava História e Geografia, e essas eram as disciplinas em que William se destacava.

A família seguia a religião Batista, e o menino, desde cedo, já acreditava em Deus e no poder da Bíblia. Ele se converteu aos cinco anos de idade, sendo batizado aos oito.

Curiosidade sempre foi seu lema. Desde cedo, já lia livros e tudo o mais que caísse em suas mãos, e assistia a filmes. Perguntava tudo! Fosse para seus pais ou para os professores. Foi assim que percebeu sua facilidade para aprender coisas novas, sendo "rotulado" pelos colegas como *nerd*. Mas ele não se importava. Com seu caráter responsável, priorizava os deveres e as obrigações, e depois o lazer. As boas notas começaram a vir.

Sabia que o estudo lhe traria o sonho de vencer na vida. Influenciado pelo pai, que tinha uma carreira sólida e pública, William também queria ter sucesso, um bom salário, um emprego seguro que lhe trouxesse conforto. Sonhava, também, em ajudar pessoas.

Admirava Teologia e Direito, e optou por conhecer e trabalhar com as leis. Na faculdade, passou a admirar alguns professores que considerava geniais. E passou a desejar ser um daqueles homens poderosos e de sucesso. Uma das pessoas a influenciar William Douglas foi o "Guto."[4]

A partir daí deslanchou, sendo aprovado em inúmeros concursos, boa parte deles em primeiro lugar como você pode constatar no extenso e admirável currículo que se encontra na orelha deste livro que está em suas mãos.

Vamos conhecer suas estratégias?

Estratégias utilizadas para passar em tantas provas e concursos

Experiências vivenciais: sua vida foi, em sua maior parte, influenciada pela estrutura familiar, experiência escolar, convívio com pessoas e a forte ligação à religião.

Crenças: fé em Deus, formação religiosa e a crença de que é preciso sacrificar-se para alcançar os objetivos.

Valores: honestidade, moral.

Visão de si mesmo (Autoimagem): facilidade de aprendizagem, ter sempre um bom desempenho em tudo o que faz, ter disciplina, aprender com os erros.

Recursos internos e competências utilizadas: persistência, determinação, necessidade de questionar (indagar), foco, busca da relação custo x benefício.

Metas: vencer na vida, ter segurança, buscar conforto.

Estratégias cognitivas: antes de se inscrever em um concurso, buscava primeiro conhecer as regras do jogo, ou seja, entender a instituição, a área, a função e dominar os assuntos; ficar acima da média; construir um currículo forte com a utilização de valores importantes.

---

4 Se quiser saber mais, veja o artigo com este título no site **www.williamdouglas.com.br**.

Estratégias de aprendizagem: ler muitos livros; ver filmes; organizar as informações para memorizar; fazer questionários sobre os temas; criar resumos; desenhar mapas mentais; fazer anotações e esquemas; leituras de textos a esmo; dar aulas sobre os assuntos; fazer revisões; realizar testes; avaliar-se constantemente; praticar exercícios; criar novas estratégias; utilização dos diversos canais sensoriais, em destaque o visual.

Estratégias de memorização: estudar com tempo determinado: 1 hora e descansar 10 minutos; aproveitar todos os períodos livres ou de espera, como ônibus, filas e banheiro para estudar; utilização de técnicas de visualização (ver as informações sendo arquivadas em caixas e armazenadas no cérebro, como arquivos, e os títulos dos livros e textos em caixa-alta), que William chamou de "etiquetação mental".

Alavanca de motivação: utilizar frases motivadoras e de impacto.

O fracasso nunca me alcançará se minha vontade
de vencer for suficientemente forte.

Modelagem de símbolos de pessoas de sucesso: forma de ligar um recurso de força à imagem vencedora (uma forma de âncora).

Conceito de âncora: estímulo visual, auditivo ou cinestésico, que quando acionado dispara um comportamento. Exemplo: usar um objeto ou um gesto que represente a meta alcançada ou nos remeta a uma pessoa bem--sucedida e que sirva de modelo de desejo. No caso, o William mantém em seu gabinete uma coleção de diferentes canecas contendo vários lápis e isto representa uma âncora de sucesso.

Evidências de que a meta está se aproximando, mesmo que aos poucos: Acompanhava e media os resultados das notas, verificando, assim, o seu desempenho para verificar se os progressos ocorriam. Os erros eram considerados parte do processo e elementos de aprendizagem. As vitórias e acertos parciais eram comemorados.

CONCURSOS

A) Verificar se estava entendendo melhor as aulas e questões de provas. Ou seja, se estava mais íntimo da linguagem da área e da matéria;

B) aumentar a nota a cada concurso, mas sem esquecer que uma nota abaixo ou acima da linha média é algo normal, acontece. Por exemplo: em um mesmo período, alguém que faz provas e tira 5 pode, nesse mesmo período e dependendo de seu estado emocional, tirar 7 ou 3.

ORATÓRIA

Acompanhar as reações das pessoas, perguntar a opinião e, com o tempo, verificar número de convites e remuneração.

LIVROS

Acompanhar comentários das pessoas e número de exemplares vendidos.

JUSTIÇA FEDERAL

Verificar diminuição do acervo, da conclusão para sentença e dos processos antigos ainda não decididos.[5]

O que faz quando percebe que não está obtendo os resultados desejados: renova os esforços e cria uma nova estratégia.

O próprio William Douglas resume suas estratégias de sucesso no PDCA, de William Deming: *Plan* – *Do* – *Check* – *Action*. Você planeja (*Plan*), tenta (*Do*), verifica (*Check*) os resultados e age de novo corrigindo os erros que cometeu na última vez que tentou (*Action* ou Ação Corretiva)

AGIR significa corrigir os erros ou aperfeiçoar procedimentos para melhorar os resultados, mesmo que já sejam positivos. Se estamos trabalhando e verificando será possível exercer, quando necessário, a

5 A 4ª Vara Federal, em que o Juiz William Douglas é titular, é premiada por produtividade (ver Banco de Melhores Práticas, do CNJ e CJF).

AÇÃO CORRETIVA, que nada mais é do que usar da flexibilidade e capacidade de adaptação para buscar sempre o resultado ótimo, ou seja, o melhor desempenho possível.

Há quem prefira usar as letras em português, PFVA (Planejar, Fazer, Verificar e Agir).

Em seguida, o quadro PDCA de Deming:

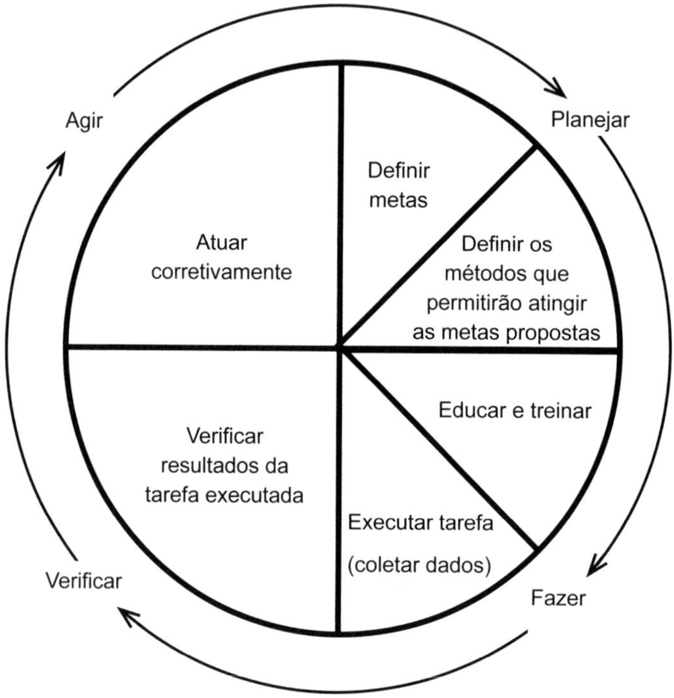

Então, temos aqui mais um dos caminhos para passar em provas e concursos. É só segui-lo. William diz que as técnicas básicas servem para alcançar qualquer tipo de objetivo: concursos, esportes, sucesso em empresas privadas e relacionamentos.

A fase de Planejamento (*Plan*) tem duas partes: definir metas e definir métodos para alcançá-las. Na fase "*Do*", ou de "fazer", há duas partes: (1) estudar, educar e treinar e, em seguida, (2) executar a tarefa. Ao executá-la, é preciso observar e coletar dados para se saber o que corrigir, se for o caso.

Ao lado dessas técnicas, o "guru" sempre menciona duas coisas: fé e trabalho.

Ele sugere a fé em si mesmo, no projeto, na capacidade de se superar e em Deus.

No caso do trabalho, envolve aprender a trabalhar – o trabalho propriamente dito e o "trabalho" de persistir até realizar com sucesso o que se quer. Por isso ele costuma dizer que "a diferença entre o sonho e a realidade é a quantidade certa de tempo e trabalho".

Colei aquele "Eu amo você" no meu espelho.
É para mim mesmo.
Caio F. Abreu

Capítulo 3

Crenças: quando acreditar significa tornar real

CRENÇAS E VALORES

Em seu livro *Crenças: caminhos para a saúde e o bem-estar*, Robert Dilts afirma que crenças são profecias autorrealizadoras e influenciam diretamente nossas decisões e comportamentos. Quando acreditamos fielmente em algo, aquilo se torna uma verdade absoluta para nós e procuramos, o tempo todo, provar para nós mesmos como estamos certos em acreditar nisso. Se a crença é positiva, excelente! Por exemplo: "Eu acredito que sou capaz de ser aprovada em qualquer prova que fizer. Com base nisso, farei de tudo para que essa crença se realize."

Se a crença é negativa, porém, poderá se tornar um forte empecilho para a realização dos objetivos, pois o raciocínio de funcionamento é igual: mesmo que de forma inconsciente, também faremos de tudo para provar que ela é verdadeira. Se você acredita, por exemplo, que tem muita gente inscrita no concurso, que as vagas são poucas e que só entrarão os beneficiados, certamente não passará no concurso, embora estude de forma empenhada. Ou, se você acreditar que não é capaz de ser aprovado, por mais que se dedique, precisará provar que a sua crença é certa. Como? Não passando. Geralmente, o discurso dessas pessoas para quem está próximo é o seguinte: "Não falei que não ia passar? Eu tinha certeza disso!"

Se você parar para pensar, identificará milhares de crenças, positivas e negativas, que podem ser oriundas dos pais, de experiências vividas, de traumas passados e de coisas que ouvimos ao longo da nossa vida. Existem crenças que atravessaram anos e anos, como a famosa história da manga com leite. Quem nunca ouviu a avó falando para não misturar manga com leite que fazia mal? E o pior, a crença é tão forte que muitos comeram a tal mistura e já passaram mal, mesmo a afirmação não tendo nenhum embasamento científico. Na verdade, ela, a crença, foi inventada pelos senhores de escravos para evitar que eles bebessem o leite. Com isso, queriam que comessem apenas a manga, que era abundante.

Outro exemplo que mostra o quão poderosa é a crença é o efeito placebo. Tratam-se de remédios sem efeito algum, feitos até mesmo de farinha que, quando ingeridos pelo paciente, fazem o mesmo efeito de um medicamento "real", tal é a crença naquela pílula. Na mesma direção, também já foram realizados estudos sobre a crença que o indivíduo deposita na medicação. Com isso, cientistas identificaram que, quanto mais o paciente acredita no remédio, mais sucesso ele terá no tratamento. O contrário também é válido, ou seja, se ele não crê que a química irá ajudá-lo, dificilmente o remédio fará efeito.

CRENÇAS LIMITANTES: IDENTIFICÁ-LAS E EXTERMINÁ-LAS

Para trabalhar com crenças limitadoras, Robert Dilts[1] apresenta o seguinte esquema:

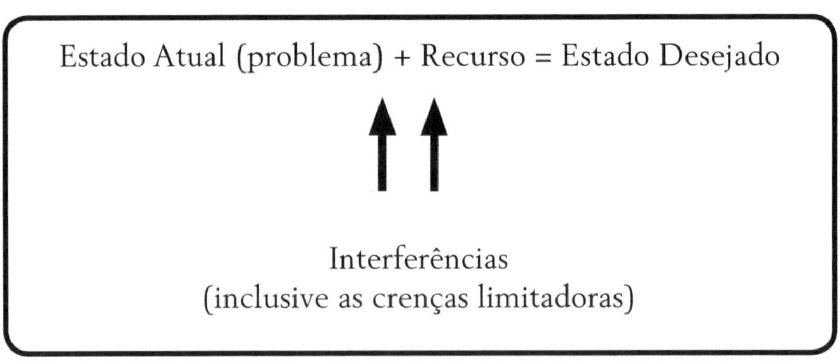

1 DILTS, Robert *et al.* *Crenças: caminhos para a saúde e o bem-estar*, 1993, p. 17.

Resumidamente, essa é uma fórmula bastante utilizada pela PNL para qualquer problema que se queira solucionar. No esquema, você vê dois estados: o atual e o desejado. Você pretende passar de um estado para o outro, mas para isso precisa identificar a crença que está impedindo a travessia, e o recurso que pode ajudá-lo a atravessar esse caminho. Certa vez, uma aluna me disse que não usava algumas técnicas de PNL porque achava que eram rápidas demais e muito simples. Ela achava que, para ser efetiva, a mudança deveria ser um processo longo e doloroso e não se dava a chance de aprender, devido à sua crença dura e limitadora sobre a maneira como a mudança deveria ocorrer. Então, para mudar, é preciso *querer* mudar, *saber como mudar* e *se dar a chance* de mudar.

No livro, Robert Dilts destaca as crenças limitantes tão fortes, que chegam a impedir que o indivíduo enxergue a realidade. Ele relata a história contada por Abraham Maslow, sobre um psiquiatra cujo paciente pensava ser um cadáver. Apesar de todos os esforços do psiquiatra de convencimentos de que aquilo que ele pensava não era real, o paciente insistia em sua crença. Em certo momento, ele perguntou ao homem: "Um cadáver sangra?" O paciente respondeu que não. Após sua permissão, o psiquiatra fez um furo no dedo do paciente. Surpreso, o paciente responde: "Ora, e não é que sangra!"

Nem diante da realidade o paciente mudou sua crença. E, embora a história seja engraçada, se abrirmos os olhos podemos encontrar crenças limitantes tão arraigadas que, mesmo a realidade nos mostrando que elas estão erradas, insistimos em levá-las adiante. Em um dos cursinhos que proferi, uma aluna me falou que estava estudando para concurso, mas sabia que estava perdendo o tempo dela, pois só os "filhos de peixinhos" eram aprovados. Claro que ela não passaria, pois sua crença limitante não permitia que ela conquistasse seu objetivo.

Nossas crenças representam o princípio que nos orientam, delimitam nossas fronteiras e nossos limites pessoais. Confiamos em muitas dessas crenças, embora possam nos desorientar. Acreditamos no que os outros falam, embora possam estar equivocados. Vamos assimilando tudo, sem pararmos para pensar um pouco sobre elas. Em momento algum, avaliamos se são libertadoras ou repressoras. No seu livro, Dilts faz as seguintes perguntas: "Você já parou para imaginar que as nossas crenças são tão importantes para nós que, se, por acaso, fôssemos um país e tivéssemos que ditar as leis, como seria? Um regime repressor ou totalmente democrático? Quanta liberdade elas lhe dão? Ou lhe reprimem ao ponto de torná-lo um refém de você mesmo?"

Procure se ver de fora, como uma outra pessoa olhando você, e observe seus pensamentos. Faça algumas perguntas para essa pessoa (no caso você): "Em que você acredita?"; "Em que isso pode lhe ajudar?"; "Como estas crenças estão lhe influenciando?" Veja se o que anda pensando está lhe impulsionando ou boicotando. Em geral, não é fácil identificar crenças porque geralmente elas estão no automático. Estão relacionadas com o que a pessoa pode ou não pode fazer; deve ou não fazer; ou tem ou não tem de fazer. As frases típicas são em geral: "Eu sou assim mesmo", "Não sou bom em direito civil", "Sou uma pessoa gorda", indicando, com isso, crenças de identidade, que limitam o pensamento sobre si mesmo.

Pense, agora, no que você acredita sobre provas e concursos. Dedique alguns minutos para anotar suas respostas imediatas a estas perguntas:

Por que quer passar nesta prova?

Quais suas crenças a respeito de provas?

Quais são as suas crenças a respeito de si mesmo como candidato a uma vaga no concurso?

É fácil as pessoas mudarem?

Como você agiria se conhecesse o seu potencial?

Quais elogios dos seus colegas lhe dão mais prazer?

Que elogios você faz a si mesmo?

Uma amiga, certa vez, disse-me que acreditava piamente que só passaria no concurso público para defensoria se fizesse algum curso. Se estudasse em casa, não seria capaz de passar. Por mais que eu lhe desse exemplos de pessoas que passaram estudando em casa e sozinhos, ela não acreditava. Mas a sua crença era tão forte e verdadeira que acabou se tornando real. Passou em terceiro lugar nesse concurso. E, para provar para ela mesma que aquela crença estava certa, me ligou e disse: "Eu não falei que só passaria se fizesse o cursinho? Eu estava certa!". Que bom para ela!

Se você acha que está certo, você está certo. E, se você acha que não está certo, você também está certo.
Henry Ford

ENTENDA COMO FUNCIONA O PROCESSO DE MUDANÇAS

Sabemos que uma aprovação em um concurso público implica uma série de mudanças na vida pessoal e profissional. E, muitas vezes, inconscientemente evitamos a aprovação por não aceitarmos as mudanças que virão. Para a PNL, esses "autoboicotes" são chamados de interferências. Elas são os "terroristas internos" que vêm para sabotar os nossos grandes e melhores esforços, como descreve Robert Dilts. E ele complementa metaforicamente afirmando que não podemos nem "prender" estes "terroristas", porque eles formam um lado da pessoa que precisa ser desenvolvido e incorporado, e não simplesmente destruído.

"Carmem! O que isto quer dizer?", você deve estar questionando.

Isto significa, meu caro leitor, que as interferências representam, na verdade, mensagens de que é necessário construirmos um outro conjunto de recursos antes de irmos em direção ao objetivo. E isto é importantíssimo para quem está estudando e com o foco no mesmo: aprender a lidar com as possíveis interferências que possam surgir e derrubar nossos castelos construídos.

Uma aluna, certa vez, me contou que já estudava para concursos há cinco anos e não conseguia a desejada aprovação. Identificando as possíveis interferências, descobri que o seu pai havia lhe garantido que, enquanto ela não passasse, ele a sustentaria. Este é um caso típico de interferência, uma vez que a não aprovação traz um benefício para ela. Desta forma, passar em um concurso lhe traria uma mudança que seria a perda do dinheiro do pai. Trabalhei a crença negativa sobre acreditar ser uma menina que precisava da dependência financeira paterna. Desmistifiquei essa crença e reforcei o fato de ela ser adulta e responsável pelo seu próprio sucesso e sustento.

A interferência também pode representar o medo de lidar com o sucesso, das mudanças de comportamento das pessoas em relação a você, lidar com novos aprendizados, com outras pessoas e com um novo você, cheio de realizações. Logo, passar no concurso cria ansiedade porque você não sabe, ainda, se será capaz de lidar com esta situação nova.

Para ser mais clara, outro exemplo típico de interferência é quando ficamos doentes e recebemos tratamento e atenção especiais, o que não é habitual, de todos os familiares e amigos. Esta nova situação pode tornar-se motivadora para continuarmos doentes, pois geralmente não ganhamos esta atenção e tratamentos especiais quando estamos saudáveis.

Com base nisso, faça um exercício para identificar suas próprias interferências: feche os olhos e visualize como a conquista do seu objetivo mudará a sua vida. Perceba se sente algum desconforto com relação a alguma mudança. Caso identifique, escreva e procure argumentar se aquela crença é verdadeira. Você perceberá que, provavelmente, essa interferência não faz sentido, e liberará seu potencial para conseguir o que realmente quer. Outro tipo de interferência são os Programas Mentais, que serão abordados no Capítulo 9.

EXPANDINDO CRENÇAS POSITIVAS

Já que você escolheu estudar para passar, seja no vestibular, no mestrado, no doutorado, ou mesmo em algum concurso público, lembro a você algumas pressuposições da PNL, adaptadas do livro *Treinando com a PNL: recursos da PNL para administradores, instrutores e comunicadores*, de Joseph O'Connor e John Seymour.

Não existe fracasso, apenas *feedback*

Uma das crenças mais comuns é a de que o fracasso é real. Para modificá-la, acredite que não existem erros nem enganos, apenas resultados e objetivos. Se aquilo que você está fazendo não está dando certo, faça outra coisa, use a sua flexibilidade, aprendendo com aquilo que não conseguiu *ainda*.

Cada pessoa tem todos os recursos de que necessita para chegar aonde quer

Todas as pessoas têm experiências passadas variadas, e podem recorrer a elas para obter os recursos de que precisam para as experiências presentes. Explore-os! Busque, por exemplo, aqueles recursos de coragem, força e persistência que teve ao estudar para outras provas nas quais foi bem-sucedido e traga-os agora. Use sua imaginação, pois ela é rica em ampliar seus recursos e você sabe que pode.

Você é o responsável pelos seus atos e resultados que adquire

Durante o processo de estudo, o que você faz estará diretamente relacionado com a realização do seu objetivo final. Lembre-se de que você é o responsável pela sua vida e pelo que acredita. Logo, não culpe o país, o curso ou o professor pelos seus resultados. Quando culpamos os outros, tiramos a responsabilidade de nós mesmos e não damos um passo na busca pela mudança. É muito importante também livrar-se de culpar os pais em relação à educação. Você pode achar que as escolhas deles não foram adequadas, mas saiba que eles fizeram o que julgaram ser o melhor para a sua vida (do ponto de vista deles). Tomar consciência disso não justifica culpá-los nem criticá-los. "Não critique os outros, eles serão o que nós seríamos sob idênticas condições", apregoou certa vez Abraham Lincoln.

A intenção de todo comportamento é positiva

Tudo o que fazemos é buscar o melhor, por mais que muitas vezes erremos. Não se encha de frases como: "Se ao me preparar para aquele concurso eu tivesse estudado mais, teria passado." Compreenda que, naquele momento, você fez o melhor que podia fazer para conquistar sua meta. Agora, com esse entendimento, poderá ter outro comportamento. Foque sempre no que você ainda pode fazer, e não no que poderia ter feito. Pensar e remoer o passado só traz culpa, e engessa ações futuras.

Aproxime-se de pessoas otimistas

"Diz-me com quem andas, e te direi quem és", afirma o velho ditado. Em certos casos, a frase é bastante verdadeira. Caso se junte a um grupo negativo, é muito forte a possibilidade de você adquirir as crenças negativas das pessoas. Busque pessoas positivas, que acreditam em suas capacidades. Isso também lhe dará motivação.

Avalie a ecologia do seu objetivo.

Pense se suas crenças não estão interferindo ecologicamente nos seus valores. Um aluno tinha a crença, desde a sua adolescência, de que só seria importante se fosse Procurador de Justiça. Já tinha feito vários concursos, mas não obtinha sucesso. Conversamos e, depois de identificarmos as suas crenças, levantamos a ecologia do objetivo. Valeria a pena? O que ele ganharia passando no concurso para Procurador de Justiça? Além de um excelente salário, iria adquirir importância e reconhecimento de familiares e amigos. E as perdas? Logo ele pensou nas pilhas de processos que teria de despachar, inclusive nos finais de semana. Pensou e falou: "E as crianças? Não terei mais tempo para elas. Ah! Não. Vou fazer um outro concurso que me dê mais tempo para continuar curtindo minha família, a coisa mais importante na minha vida. Não quero ser escravo de mim mesmo", disse.

Ele percebeu as armadilhas das crenças desatualizadas. O que era válido quando você era criança ou adolescente pode estar ultrapassado hoje. Tornar uma crença flexível permite que você avalie os aspectos que estão emperrando sua vida.

AUTOESTIMA

Virgínia Satir, uma grande terapeuta familiar dos anos 1970, foi modelada pelos criadores da PNL. Eles entenderam como ela desenvolvia tão bem aquela comunicação com seus pacientes quando trabalhava como terapeuta familiar. Afinal, ela solucionava problemas até então intratáveis por outros profissionais.

Segundo ela, a autoestima é produto da vida familiar. É ter como referência o amor próprio para amar os outros. Como alguém pode amar uma outra pessoa, se não se ama? Para Karim Khoury, autor do livro *Com a corda toda: autoestima e qualidade de vida*, a autoestima é construída por dois componentes: a autoeficiência e o autorrespeito.

Pessoas que estão bem consigo mesmas possuem mais energia para enfrentar os novos desafios. Isso significa que, mesmo com problemas, sejam emocionais, pessoais ou materiais, elas são realistas, respeitam seus limites e conseguem adaptar seu comportamento, fazendo dos obstáculos apenas passos para alcançar seus objetivos. Um indivíduo com a autoestima elevada não vê um período difícil como um fracasso, mas como uma oportunidade de aprendizagem e crescimento.

Ele sabe que pode errar se agir, sobretudo em uma nova situação, e aceitar as críticas como oportunidades de aprendizado. Tem consciência, por exemplo, de que o fato de ter sido reprovado no concurso não tem a ver com a personalidade, mas com um comportamento ineficaz que pode ser modificado.

A autoestima também está relacionada com responsabilidade. Uma pessoa com pouco amor próprio dificilmente assume a direção da sua vida. Culpa tudo e todos pelos seus erros, e espera que alguém lhe traga as soluções para os seus problemas. Certamente, você já conheceu alguém assim. Pode ser um colega, que culpa a chuva, o professor, o curso, as aulas, e até mesmo os amigos, por não passar nas provas.

Neste momento, em que se prepara para dar um grande passo na sua vida, como anda o termômetro da sua autoestima? Faça uma rápida reflexão agora e responda mentalmente as seguintes perguntas: "Como está se relacionando com você mesmo?"; "E com a vida?"; "Você está se aceitando?"; "Está se criticando demais?"; "Está sendo honesto consigo e com seu objetivo?"; "E em relação aos outros?"

Para Satir, a mudança é sempre possível, porque todos temos recursos para o crescimento. E toda aprendizagem insatisfatória do passado pode ser substituída por novos comportamentos no presente. A autoestima está relacionada à aplicação de diversos recursos, como crenças e valores, motivação, corpo, relacionamentos, como agir e reagir às críticas, assertividade, linguagem e objetivos na vida. Esses elementos direcionam e preenchem o ser humano.

De acordo com Karim Khoury, nosso amor próprio é a disposição de nos considerarmos competentes para enfrentar os desafios básicos da vida e de sermos dignos da felicidade. É a partir das representações do que fazemos de nós mesmos, do que fazemos a nosso respeito, que criamos a nossa autoestima. Mudando essas representações interiores, mudaremos a autoestima, para mais ou para menos.

Kit de autoestima de Virgínia Satir

Virgínia Satir criou um "kit imaginário de manutenção de autoestima" para ser usado sempre que necessário. Fiz algumas adaptações nos produtos desse kit, criando alguns específicos para quem está prestando concursos ou provas.

O primeiro item é uma "caneta do poder", que deve ser usada durante as provas, ou em alguma situação que exija de você testar seu aprendizado. Com ela, você encontrará as respostas necessárias nos momentos de indecisão. Gostaria que a sua caneta estivesse ao alcance de sua mão para utilizá-la sempre.

O segundo componente do kit imaginário é um medalhão, no qual em um lado está escrito "Sim" e no outro, "Não". Preso ao seu pescoço, repare que quando o *não* está voltado para fora, o *sim* está para você. Ou seja, quando diz *não* para as situações que desviariam você do seu objetivo, está reforçando o *sim* para você. Da mesma forma, se o *sim* está voltado para fora, o *não* se volta para você. Para Virgínia Satir, o medalhão representaria a chave de sua integridade, no qual o *sim* e o *não* são igualmente palavras de amor. Isso porque, quando você diz sim, querendo dizer não, sua integridade se enfraquece.

O próximo item é a "chave de ouro". É a chave que lhe dará segurança para abrir todas as portas e descobrir as respostas que busca. O último objeto é a "arca da sabedoria". É lá onde está guardado todo o tesouro que recolheu ao longo da vida. São as suas histórias, seus sonhos, experiências, medos e sabedoria. Tudo o que você aprendeu ao viver está ali.

Agora que você já está de posse do seu kit, use-o da melhor maneira possível. Lembre-se de que ele está sempre dentro de você, como uma ferramenta poderosa para lhe dar força, segurança e, sobretudo, autoestima. Eis o kit:

Capítulo 4

O tempo na aprendizagem

LINHA DO TEMPO

Na nossa vida, existem dois tempos: o externo e o interno. O primeiro é o referente ao aqui e agora, determinado pelo movimento do relógio. O segundo é o que vivemos na nossa mente. Estamos no presente, e podemos voltar ao passado em instantes, pular do dia para a noite em um piscar de olhos. Ele parece voar ou se arrastar dependendo de cada situação. É o tempo que nós regemos. As horas são medidas pelos ponteiros do relógio, mas na nossa mente funciona como determinamos. É o nosso relógio mental que nos orienta.

É importante lembrar que a noção de tempo (presente, passado e futuro) tal como conhecemos é absolutamente cultural e ocidental. Tanto que algumas tribos desconhecem essa ideia, vivendo unicamente o presente.

Embora tenhamos essa noção de passado, presente e futuro, o nosso tempo interno pode não seguir essa ordem. Quem de vocês nunca conheceu alguém que vive no passado? E aquelas pessoas que estão sempre à frente? Também há quem se concentre intensamente no aqui e agora, sem se preocupar com os anos anteriores, e com os que ainda estão por vir.

A maneira como determinamos o tempo pode influenciar diretamente a conquista dos nossos objetivos. Se, por exemplo, o seu passado estiver à sua frente, ou seja, em foco na sua vida, ele será sua linha de visão, exercendo influência sobre suas experiências atuais e dificultando a percepção do presente e do futuro.

Por outro lado, outras pessoas determinam o futuro muito distante do tempo atual, e isso pode dificultar o cumprimento de prazos para atingir seus objetivos. Por quê? Simples. Quando colocamos o futuro muito longínquo, dificilmente vamos fazer alguma coisa pensando no tempo posterior. No entanto, se o seu futuro estiver excessivamente próximo, o indivíduo poderá se sentir frequentemente pressionado, pois o tempo sempre será curto para realizar o que deseja. Pessoas assim geralmente vivem correndo, cumprem suas tarefas aos "45 do segundo tempo", e sempre se queixam que não têm tempo para nada.

É preciso ter consciência da sua linha do tempo para ter flexibilidade e ajustá-la de acordo com o que deseja. Às vezes, será interessante espremê-la; outras, expandi-la. Em inúmeros casos, o aluno não consegue enxergar um futuro próximo e chega à exaustão, desistindo de seguir adiante nos seus estudos. Ele acha que é perda de tempo e fixa-se no passado, quando estudou para outros concursos e não passou. Também contam os prazos dos concursos. Até a saída do edital você estuda, mas é como se aquele futuro fosse longo e não chegasse. Mesmo antes do edital, o futuro é agora, e começa a corrida contra os prazos até a realização da prova.

O autor Tad James[1] descreve dois tipos de linhas temporais: a primeira chama-se "Através do tempo". A linha vai de um lado a outro, como um semicírculo à sua frente, o passado de um lado e o futuro de outro. A segunda é "No tempo". Nesse caso, o seu passado fica atrás e o futuro à sua frente.

Os indivíduos que vivem "através do tempo" veem o passado e o futuro à sua frente, cada um de um lado. Dessa forma, é possível ver os dois sem grande esforço. Essas pessoas veem o tempo de forma linear e não têm dificuldades para cumprir prazos. Já as pessoas "no tempo" estão mais ligadas ao presente, já que não enxergam com clareza passado e futuro. Logo, os prazos, compromissos e horários são menos importantes. Descubra em qual linha do tempo você está focado. Será uma boa maneira para você se conhecer mais.

---

1 *Op. cit.*

Caminhando na linha do tempo

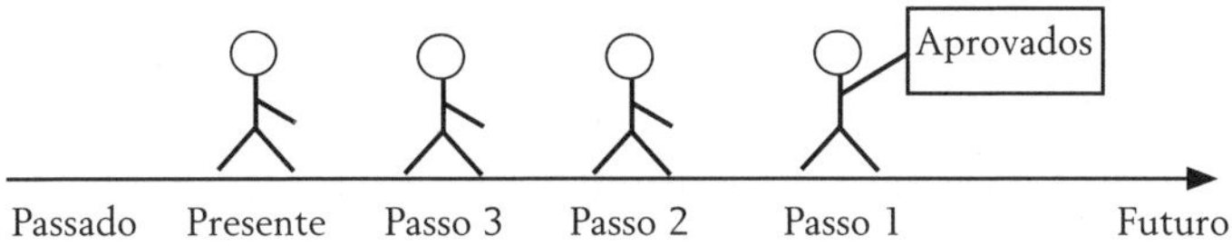

No curso de Coach, pioneiro no Brasil, o americano Joseph O'Connor realizou o seguinte exercício. Para fazê-lo, você pode imaginar uma linha à sua frente para se deslocar. O primeiro passo é imaginar-se no futuro agora, conquistando o seu objetivo. Sinta a sua realização, vivencie profundamente a sua conquista. Veja, ouça e sinta o que está acontecendo com você nesse momento. Você pode imaginar-se com o jornal nas mãos (passo 1), lendo o seu nome entre os aprovados. Perceba como foi fácil e como passou rápido o tempo. Como valeu a pena ter dado aqueles passos, e agora, finalmente, você realizou o que tanto sonhara. Em seguida, volte na linha do tempo (passo 2) e imagine o que você fez imediatamente antes da conquista da meta. Nesse caso, pode ser a tensão de aguardar o resultado. Vivencie isso agora! Volte mais um passo (passo 3) e veja o que estava acontecendo com você antes da espera do resultado. Você pode estar fazendo as provas, ou até mesmo saindo delas com confiança, acreditando que seu desempenho foi excelente. Respire fundo e volte para o presente, visualize as aulas, os estudos, valorizando os passos que está dando na direção ao futuro. Sinta como fica mais fácil atingir a sua meta tão desejada. Boa sorte!

ALVOS DO TEMPO

A **Importante e não urgente** Dimensão da realização Essência	C **Urgente e não importante** Ilusão
B **Urgente e importante** Demanda	D **Não importante e não urgente** Distração

"Alvos do tempo" foi criado por Anthony Robbins e adaptado pelo Dr. Jairo Mancilha, diretor do Instituto de Neurolinguística Aplicada (Inap). Com base nessa técnica, é possível planejarmos nossa vida de forma mais eficiente e colocar o foco no que é realmente importante para nós. E como saber o que realmente é importante? Sabendo em que direção você está colocando o seu foco.

Ele é o centro realizador de nossas mudanças, determinante das nossas realizações. Quando mudamos o foco, nossa vida muda. Quando estamos nos preparando para alguma prova ou concurso, determinar o foco é interessante, pois ele vai nos guiar para onde queremos ir. Onde você está focando? Está priorizando maior parte do seu tempo nos estudos? Quando estuda, coloca todo o seu foco, sua atenção na matéria em questão? Está dedicando o seu tempo nessa meta?

Muito importante, não urgente (A)

Nesse alvo, encontra-se a "essência" da nossa vida, pois envolve as ações que nos são importantes, mas sempre as colocamos de lado em função de nossas urgências. Vale lembrar que as urgências são obrigações, e devem ser disciplinadas para não vivermos apenas em função delas. Quantas vezes você prometeu cuidar mais do seu corpo, mas nunca encontra tempo para se dedicar a uma atividade física? Pense no que é importante para você nesse momento. Estudar? Ler mais? Fazer um grupo de estudos? Frequentar um cursinho? Ir à biblioteca mais vezes? Fazer pesquisas?

Urgente e importante (B)

Nesse alvo, encontram-se as situações que fogem ao nosso controle, sendo necessário lidar com elas de maneira urgente e imediata. Por exemplo: você havia planejado estudar a tarde toda no cursinho, mas é informado de que sua mãe está passando mal. Nesse caso, precisa fazer algo rápido e imediato, sendo necessário abrir mão do que havia pensado fazer. Apesar de a vida algumas vezes nos pregar algumas peças, é importante nos anteciparmos perante os acontecimentos, sobretudo aqueles que estão prestando concursos. Há alunos que só estudam após a publicação do edital. Nesse caso, as provas tornam-se urgentes e importantes, como se não fossem planejadas. O ideal é se antecipar a datas, como no caso do alvo "Muito importante e não urgente", no qual não existe imediatismo. O aluno que se antecipa e se planeja está sempre estudando, independente do edital que representa uma urgência.

Urgente e não importante (C)

"Por que ilusão?", você deve estar se perguntando. Esse é o alvo da ilusão e do estresse porque pessoas assim vivem, apenas, em função de urgências, e deixam de lado o que lhes é realmente importante, como objetivos pessoais e profissionais. São indivíduos que se iludem achando que estão fazendo algo importante, mas no fundo só estão atendendo necessidades sem nenhum propósito. Sempre estão abrindo mão dos próprios planejamentos em prol dos outros. Um aluno, por exemplo, que determinou estudar durante o dia, é interrompido por um amigo ao telefone para desabafar sobre problemas pessoais. A ligação do amigo, então, torna-se importante e o estudo é esquecido. Em seguida, o vizinho interfona pedindo ajuda em um trabalho doméstico, e novamente os livros ficam de lado. No final do dia, você avalia que atendeu a inúmeras urgências, mas nenhuma importante.

Não importante e não urgente (D)

Estamos falando do terreno da distração. É nesse alvo que você está quando não quer pensar em nada e desligar-se um pouco das obrigações. É o momento de ver televisão, sair com os amigos, ir ao cinema e outros. O lazer é fundamental, mas avalie se você não está gastando muito tempo nesse alvo e postergando as ações realmente importantes para a conquista de suas metas. Perceba que, muitas vezes, vão-se dias e dias apenas com coisas que não são importantes nem urgentes.

Capítulo 5

Criando e aprendendo

NADA SE CRIA?

Existem muitas lendas que rondam essa tal de criatividade. Uma delas é a de que existem pessoas criativas, e outras não. Isso é mito! A criatividade é uma função da natureza humana para preservar a espécie humana e adaptá-la ao mundo. Logo, não existe ninguém que não seja criativo. E mais: podemos desenvolvê-la e aperfeiçoá-la em qualquer fase da vida. Basta estímulo e interesse.

Segundo o professor Luiz Machado,[1] que dá aulas na Universidade do Estado do Rio de Janeiro (UERJ) e coordenou, por 26 anos, o Programa Especial de Desenvolvimento da Inteligência e da Criatividade (Pedic), a matéria-prima da criatividade são as informações que acumulamos no nosso dia a dia. "Se a pessoa se fecha para o mundo, termina perdendo o estímulo para criar", explica o professor.

A consultora de criatividade, Gisela Kassoy,[2] diz que há uma escala para diferenciar uma pessoa da outra em termos de criatividade. Ela vai dos "superadaptadores" (é a criatividade da dona de casa, por exemplo, que pode fazer um jantar apenas com o que tem em casa) até os superinovadores (os empreendedores). "Todo ser humano se coloca dentro dessa escala. Tem os que se adaptam ao mundo, ou o mundo que se adapta a eles", completa ela.

---

1 Depoimentos extraídos de matéria no site (www.maisde50.com.br).
2 Idem.

A consultora dá algumas sugestões de exercícios que você pode fazer para estimular a criatividade:

> **Mude** – Faça coisas diferentes, como escovar os dentes com a outra mão, usar o relógio no outro pulso, dormir no lado da cama que você não costuma.
>
> **Inove** – Faça o que não faz normalmente. Assista a um ritual que nunca tenha assistido; vá a um show de pagode, se você só curte rock; passe um dia na serra, se você prefere praia. Inove, mas tire da mente os julgamentos. Acredite, apenas, que você vai tirar algum proveito dessa experiência. O novo abre os nossos olhos e desperta outras sensações.
>
> **Substitua o "Não" pelo "Por quê não?"** – Quando receber uma proposta ou convite, substituta o "não" pelo "por quê não?" Exemplo: seus amigos resolvem estudar juntos e o convidam, mas você não gosta de grupo de estudo. Em vez de negar, pense em outras possibilidades: experimente aprender de forma diferente. Se não gostar, não precisa retornar. Mas experiencie outras visões!
>
> **Brinque com palavras e objetos** – Brinque fazendo associações entre palavras e objetos. Adapte, substitua, modifique. As combinações são infinitas. Por exemplo: você pode criar imagens coloridas para cada disciplina.
>
> **Procure respostas em outros universos** – Quando tiver um problema, fuja do seu mundo e busque soluções em outros universos. A garrafinha que os atletas utilizam, por exemplo, foi criada com base em uma válvula cardíaca chamada tricúspide. É a medicina auxiliando o esporte.
>
> **Seja curioso** – Não se satisfaça com a primeira resposta que vier. Pergunte, investigue, duvide... Isso estimula o cérebro e suscita novas ideias.

ESTRATÉGIA DISNEY DE CRIATIVIDADE

Atualmente, quem visita a Disney fica deslumbrado com a dimensão do projeto desenvolvido naquele magnífico empreendimento, e nem imagina quantas ações foram necessárias para a sua construção. Quanta criatividade Walt Disney usou para montar tamanha ideia. Essa estratégia encantou tanto Robert Dilts, que ele a modelou para aplicá-la na solução de qualquer tipo de problema. Segundo ele, sonhar era o primeiro passo da estratégia de Disney ao elaborar um objetivo. Isso é fácil. Mas o seu diferencial era conseguir realizar todos os seus sonhos. E como isso era possível?

Em todos os projetos que idealizava, ele assumia três papéis diferentes: o sonhador, o realista e o crítico. Em cada um deles, Disney assumia uma visão diferente do seu objetivo, buscando o equilíbrio necessário para a conquista de uma meta.

Aplicando a estratégia Disney

Veja, a seguir, o exercício desenvolvido por Robert Dilts a partir da Estratégia Disney.

Passo 1:

Reserve três lugares diferentes para o sonhador, o crítico e o realista.

Passo 2:

Em uma posição diferente das que você já determinou, imagine uma situação em que você foi capaz de sonhar, usando toda a sua imaginação e criatividade. Você foi ousado e extremamente otimista em relação ao seu objetivo. Agora, entre na posição do sonhador e reviva em sua mente essa experiência, vendo, ouvindo e sentindo tudo o que ocorreu naquele momento, trazendo todos os recursos que utilizou para este instante, sem críticas e com os pés nas nuvens. Depois de reviver essa experiência, saia da posição do sonhador e volte à posição neutra.

Passo 3:

Lembre-se de uma ocasião em que foi bastante realista na elaboração de um projeto, e o colocou em prática com clareza e segurança. Escolhida a experiência, entre na posição do realista e reviva esse momento agora. Em seguida, volte novamente à posição neutra.

Passo 4:

Agora, escolha uma situação em que você criticou um plano de maneira construtiva, observando o projeto de diversos ângulos e identificando possíveis problemas. Pode ser um plano seu ou de um colega. Depois disso, entre na posição de crítico e reviva esse momento, como se ele estivesse acontecendo agora. Ao terminar, volte à posição inicial.

Os movimentos que você fez até então foram para ancorar as posições em seus devidos locais.

Identifique, agora, uma meta que deseje alcançar. Talvez ser aprovado em uma prova ou concurso.

Passo 1:

Entre na posição do sonhador e imagine-se realizando a sua meta. Voe longe e deixe sua mente divagar, sem que nada o traga para a realidade, como uma criança, sem censuras, sem medos e limites. Depois de sonhar bastante, volte à posição neutra.

Passo 2:

Entre na posição do realista e traga sua meta com você. Agora, você pode imaginar os passos necessários para torná-la real. Vislumbre os recursos necessários que irá aplicar na realização da mesma. O realista planeja. É o empreendedor do plano!

Passo 3:

Na posição do crítico, avalie o seu plano de ação, os passos que pretende dar. Perceba os pontos negativos e positivos desses passos. Está faltando algo? Está completo? É esse mesmo o caminho que o levará ao seu objetivo?

Passo 4:

Novamente em posição neutra, você voltará agora para o espaço do sonhador e lá procurará responder às perguntas do crítico. Continue dando voltas pelas três posições até perceber que todos estão bem alinhados com a sua meta.

SER FLEXÍVEL PARA SER CRIATIVO

De acordo com as pressuposições da Programação Neurolinguística, quanto mais escolhas você tiver, mais possibilidades se abrirão para você. Isso quer dizer que existem muitos caminhos para se conseguir um objetivo. Esse não é um caminho de via única. Quando tiver um problema ou um projeto em mente, amplie o leque de possibilidades. A pessoa criativa enxerga um fato de vários pontos de vista. Com mais caminhos em mente, mais rápido poderá se chegar aonde se quer.

Outra pressuposição importante para a criatividade é a seguinte: se aquilo que você está fazendo não está dando certo, faça outra coisa. Se você insistir nas mesmas ações, provavelmente obterá as mesmas respostas. Inove e obtenha novos resultados.

PILATES PARA O CÉREBRO

Sempre que você lê um livro ou participa de uma conversação, a experiência causa alterações físicas no seu cérebro. Em questão de segundos formam-se novos circuitos neurais, memórias que podem até modificar sua maneira de pensar o mundo.

> É um tanto assustador imaginar que seu cérebro se altera ao menor ato que você pratique.
> George Johnson

Como o estudo sobre o cérebro me interessa, sempre busco ler e pesquisar as novidades na área. Sabe-se, há muito tempo, que é necessário conhecimento para utilizar essa fantástica máquina e, assim, poder tirar dela o máximo proveito possível, sobretudo as pessoas que se preparam para concursos.

Com esse olhar, tenho lido inúmeras reportagens sobre o assunto publicadas no vasto mundo da web. Todas muito interessantes, mas um tema, em especial, me chamou a atenção: o Pilates cerebral.

O Pilates é um método de controle muscular criado por Joseph Hubertus Pilates na década de 1920. Moda nas academias, a técnica exercita os músculos sem a utilização de pesos, somente com a força da pessoa.

Você deve estar se perguntando: então, o nosso cérebro também precisa de exercícios, assim como o corpo? Eu respondo: sim.

É preciso organizar uma série de exercícios e fazer movimentar os neurônios na direção dos nossos objetivos. O cérebro, sob o comando da mente, responde conforme o gênero de ordens que recebe, contribuindo com enzimas estimuladoras da saúde ou toxinas, que irão destruir os sensíveis equipamentos da maquinaria orgânica, emocional ou mental. Portanto, é um organismo altamente complexo de ligações, filamentos e redes bem organizadas, formando uma conexão e conduzindo informações para todas as partes do corpo através de uma rede neural.

Quero me resguardar aos grandes nomes da neurociência que estudam aprofundadamente esse extraordinário conjunto harmônico, de 75 a 100 bilhões de neurônios em circuito especializado e complexo que, num lindo bailado de movimentos, resultam em ações, mensagens, emoções, decisões e, principalmente, são os responsáveis por todas as concretizações dos nossos sonhos ou das nossas frustrações.

Fazendo uma analogia com as técnicas que a PNL oferece como ferramenta para usar o cérebro e a mente para aprender melhor e mais rápido, por que não fazer pilates para o cérebro?

Continuei minhas pesquisas para entender melhor como realizar essa analogia e também para ensinar os alunos como obter mais êxitos quando da realização dos exercícios, isto é, as técnicas para conseguir maior acesso à memória.

Sem querer me aprofundar no assunto, o método pilates busca a união entre o corpo e a mente, ou seja, exatamente o que as pessoas procuram para ter mais saúde e uma vida mais plena. Os exercícios buscam uma concentração constante nos movimentos do corpo. Podemos relacioná-los com a técnica chamada de Swish, que também busca concentração mental ao comportamento que você quer modificar, e aos movimentos neuronais que você vai realizar para acessar esse estado de concentração.

No método pilates, busca-se o resgate dos movimentos naturais, da flexibilidade, da graça natural do corpo.

Bem, agora sim, vamos iniciar o nosso pilates para o cérebro com base nas técnicas de PNL e na pesquisa realizada sobre o assunto.

Já falei em capítulos anteriores sobre como funciona o nosso cérebro e como é importante utilizarmos os nossos recursos para realizar o que desejamos. Vivemos numa sociedade em que a comunicação é valorizada cada vez mais. Não fazer parte dessa corrente proporciona a sensação de perda de fração da vida.

É importante, então, fazermos exercícios para ativar o cérebro? Ele vai funcionar melhor? No nosso caso, estamos estudando para mudar nossas vidas. Passar num concurso público, atualmente, é um passo assertivo. Veja, por exemplo, quantos amigos você conhece que, depois de passar em algum concurso, continuaram estudando e conseguindo aprovação em vários outros. Por que isso ocorre? Quanto mais você usa o cérebro, mais ele responde aos estímulos.

Você está com a prova nas mãos e: será que vou me lembrar de tudo? ... deu branco... não consigo me lembrar desta questão que eu sabia tanto... e agora me esqueci minha senha... Alguém me falou que saiu o edital, não me lembro quem... parece que o professor já falou alguma coisa sobre isso...

É como se falhasse, se existisse algum vazio na mente e, naquele momento, você realmente começa a se preocupar achando que vai ficar taxado como "o esquecido". E nisso, você se pergunta: será a idade a culpada? Não! Os neurocientistas têm comprovado que a perda de memória de curto prazo não se deve à idade ou à morte dos neurônios, ou dentritos (ramos dos neurônios). Isso acontece por falta de uso: os dentritos também ficam atrofiados se não houver frequentes conexões. Com isso, eles levam mais tempo para realizar novas conexões, sua habilidade própria.

Exercícios cerebrais ajudam muito a alertar a mente. Mas o nosso cérebro já é perfeito. Ele produz seu próprio alimento: as neurotrofinas, que são proteínas que favorecem a sobrevivência dos neurônios. Quanto mais ativas estiverem, mais quantidade de neurotrofinas produzem e isso gera mais conexões entre áreas distintas do cérebro.

Então, vamos fazer pilates com os neurônios:

- Saia da rotina – acorde mais cedo, vista-se antes do café, faça uma caminhada, mude o local de estudo, reúna um grupo e troque informações sobre a mesma matéria. Faça coisas diferentes. Conheça e fale com pessoas de diferentes idades, crenças e trabalhos. Experimente o inesperado. Use as escadas em vez do elevador. Vá para o campo, caminhe, ouça a sua voz.
- Invente coisas inesperadas e divertidas através das emoções, do olfato, da visão, do tato, do paladar e da audição.
- Surpreenda seus neurônios: use o relógio no outro braço, ande a pé, veja quanta novidade na sua rua que você ainda não tinha percebido. Converse com colegas de outro curso que, provavelmente, não tenham nada a ver com você. Observe que você vai aprender algo.

- Estique seu corpo, malhe, caminhe, ande de bicicleta, vá à praia, pule, corra, fique exausto e perceba sua respiração ofegante. Lembre-se que seus neurônios estão em movimento e a ordem é essa. Capriche no Pilates.
- Busque a atenção, estude, planeje seus estudos e horários, faça aquilo de que gosta. Quem está feliz aprende melhor.
- Mude mais, ande, tome uma ducha cantando, de olhos fechados, ande pela casa imaginando onde estão os objetos. Sinta as texturas e os cheiros e observe que eles ficam mais acentuados.
- Use a outra mão para comer, escrever, abrir a bolsa, escovar os dentes, abrir as gavetas etc. Aprenda a usar movimentos cruzados para ativar os dois lados do cérebro.

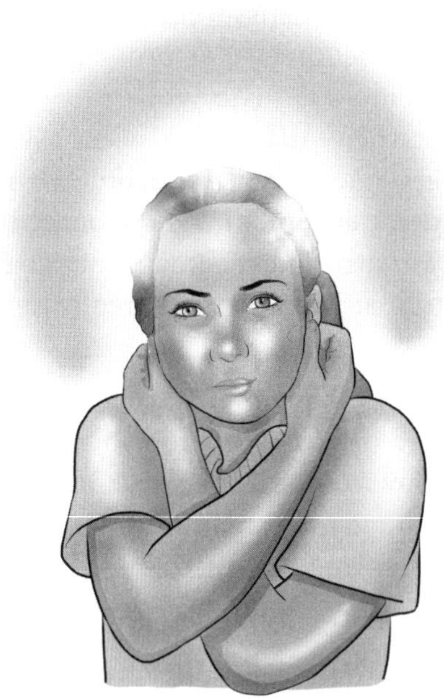

- Leia em voz alta. Dê aulas da matéria estudada. Faça discursos. Seja palestrante. Vários circuitos serão ativados simultaneamente.
- Troque suas rotas, passe por diferentes caminhos para ir ao trabalho ou para casa.
- Mude a localização de alguns objetos procurando enganar o seu astuto cérebro, desconstruindo o mapa já existente: troque o recipiente de lixo de lugar, as roupas das gavetas, os quadros, sorria mais e fale mais. Sinta os novos efeitos dessas mudanças e delicie-se com o seu novo eu, e corra o risco de se apaixonar por essa nova pessoa.

- Aprenda novas habilidades: yoga, um novo idioma, jogar xadrez, culinária, dirigir. Quando concentrado lendo, de vez em quando tampe um dos olhos e descanse a vista. Faça exercícios com os olhos movimentando-os e piscando. Você observará que o olhar se expande. Uma caracteristica da yoga e demais exercícios (como o apresentado a seguir) aumentando a concentração.

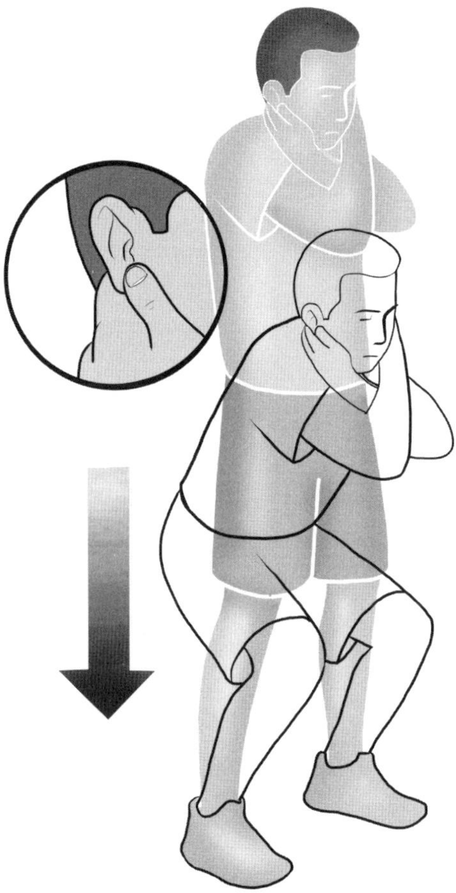

Capítulo 6

O impacto da pandemia no aprendizado

Como especialista em aprendizagem há décadas, pesquiso e estudo como o cérebro e a mente funcionam e como utilizar a Programação Neolinguística (PNL) para nos conduzir com maestria à estrutura de como aprender a aprender a partir de experiências simples como memorização, linguagem, mapas mentais, crenças, entre outras.

As grandes pandemias trouxeram mudanças cruciais para a humanidade. As informações não são claras e, na incerteza, vamos nos adaptando a esta "nova normalidade", que exige de nós profundas mudanças. O acúmulo de riquezas já não tem mais vez no mundo dos negócios. As desigualdades sociais ficaram evidentes para nos mostrar que será necessário encontrar caminhos para a prosperidade de todos. Segundo Benjamim Franklin, um dos líderes da Revolução Americana, "investir em conhecimento rende sempre os melhores juros".

Talvez reflitamos sobre os nossos comportamentos, já que alguns estudos apontam que a pandemia funciona como acelerador do futuro. Tudo é muito rápido, e não sobra tempo para desperdiçar com coisas sem importância. O futuro indeterminado nos traz para o presente e torna o passado menos significante.

Diante da pandemia do coronavírus, o isolamento social fez com que as escolas precisassem ser fechadas. Para não interromper o fluxo de aprendizagem dos estudantes, alternativas tiveram que ser pensadas e aplicadas. Desse modo, o caminho mais viável foi a realização do ensino remoto e metodologias criativas, como vídeo-aulas, atividades, conteúdos interativos no ambiente virtual, programas de televisão ou rádio com conteúdos escolares, materiais didáticos impressos, livros digitais, ferramentas de geração de relatórios, aplicativos de realidade aumentada com materiais interativos e divertidos e avaliações on-line.

Entretanto, surgiram questões quanto à qualidade do ensino on-line, devido às dificuldades que muitos alunos têm para acompanhar o processo, seja por questões de acessibilidade, desigualdade social, entre outras. Um desafio para os professores e, principalmente, para os alunos que não possuem os recursos digitais para estudar. Talvez, seja preciso tempo para que a escola se adeque ao momento atual e mude a maneira de abordar os assuntos, conversar com o aluno de uma maneira mais interativa, opinar e envolvê-lo nas disciplinas, usando a naturalidade na transmissão dos conhecimentos, já que os alunos sem acesso à tecnologia estudam somente lendo textos. Nesse caso, os professores podem usar as mesmas técnicas dos escritores para que haja envolvimento do aluno, ou seja, criar experiências sensoriais na mente deles, pintar um quadro mental para eles, colocá-los "em contato" com determinado sentimento ou "dar voz" às ideias ou personagens, de acordo com Robert Dilts no livro *Aprendizagem dinâmica*.

"O período de maior ganho em conhecimento e experiência é o período mais difícil da vida de alguém." (Dalai Lama)

NOVAS ESTRATÉGIAS PARA A APRENDIZAGEM

Nessa nova realidade pandêmica, estão sendo adotados recursos de aprendizagem multimídia, como grupos de WhatsApp, grupos privados de Facebook, aplicativos de videochamadas, envio de áudios e textos. Isso é o que temos no momento para o desenvolvimento do aprendizado.

Essa estratégia de aprendizagem é a mais sensata, pois envolve mental, física e emocionalmente o aluno nessa interação com o professor, os colegas e a matéria aprendida.

O grande desafio, nesse ou em qualquer processo de aprendizagem, é fazer com que o aluno queira aprender, aprenda como usar as habilidades e estratégias e tenha a oportunidade de praticá-las num contexto que faça parte da sua vida. Infelizmente, os livros didáticos são cheios de informações que, muitas vezes, são desconectadas das diferentes realidades do aluno, e não apontam metodologias criativas, tornando as matérias mais reais para aumentar a motivação.

Nesta reflexão sobre os processos de aprendizagem, decidi ir ainda mais longe para me debruçar sobre os valores que surgirão no novo mundo, que muitos chamam de pós-apocalíptico. Apesar de não possuir bola de cristal para descrever o que está acontecendo (do meu ponto de vista), me contento em utilizar os meus conhecimentos para avaliar as consequências na vida das pessoas com todas essas mudanças. Um dos meus objetivos é contribuir ao enunciar alguns conceitos da PNL.

A saúde de todos foi abalada, principalmente a mental. Sintomas como medo, angústia, desesperança, solidão, tristeza, ansiedade e depressão afloraram com intensidade.

E O FUTURO? NOVAS PERSPECTIVAS PARA SEGUIR EM FRENTE

Vários futuristas relatam que o coronavírus funciona como acelerador de futuro. A pandemia antecipa as mudanças que há muito estavam em curso: educação à distância, trabalho remoto, sustentabilidade. A vida é diferente e teremos que mudar nossas crenças e valores (que consideramos verdadeiros e podem constituir tanto uma permissão quanto uma limitação) e a busca por novos conhecimentos.

Quais crenças podemos descartar ou manter? No contínuo processo de aprendizado, a necessidade de metas pessoais cria diversos estilos. Todo aprendizado é um "reaprender". Uma boa notícia: a tendência atual é que os alunos ganhem destaque nesse processo desempenhando um papel ativo no processo educativo.

AVANÇOS TECNOLÓGICOS E APRENDIZADO EMERGENCIAL

Como descrito por Raniery Pimenta no texto "Cinco oportunidades para a educação no mundo pós-pandemia", não há mais que se pensar em uma educação presencial, isso seria desconsiderar todas as possibilidades que o digital pode acrescentar.

E você, querido concurseiro, que interrompeu os seus estudos?

É hora da virada! Tire o seu sonho da gaveta e ponha em prática. Agora há muitas estratégias a seu favor.

Vou dar um exemplo que, talvez, sirva de motivação:

A minha filha estava insatisfeita no trabalho e, apesar de todas as atribulações, inscreveu-se no concurso da Uerj. Tirou férias em outubro (2021) e, exatamente em um mês de estudos, foi aprovada.

Como ela fez? Seguiu todas as etapas deste livro:

1 – Tinha uma meta clara, objetiva e que só dependia dela realizá-la (veja capítulo 1 – PNL para provas e concursos – Em direção ao objetivo – pág. 5).

2 – Criou uma crença positiva de que iria passar (veja capítulo 3 – Crenças: quando acreditar significa tornar real – pág. 59).

3 – Traçou um cronograma das matérias para a semana (veja capítulo 1 – Exercícios para otimizar o estudo – pág. 25).

4 – Esmiuçou todo o edital, as matérias, os tópicos e os conteúdos. Usou a criatividade para organizar o material (veja capítulo 7 – A mente, o cérebro e a busca pelo sucesso – págs. 89 a 107).

5 – Adotou estratégias de memorização utilizando os movimentos oculares (veja capítulo 1 – PNL para provas e concursos – págs. 12 e 13).

Início da jornada:

- Acordava cedo já sabendo as matérias e os conteúdos do dia que iria estudar;
- Assistia videoaulas do assunto e, logo, fazia a revisão. A repetição é a mãe do aprendizado, sendo uma excelente técnica para memorizar (veja capítulo 1 – Memória e aprendizagem – pág. 21);
- Usou *flashcards*, que é organizar em fichas os assuntos, ou seja, distribuindo em blocos de informações, facilitando o aprendizado.

AGORA UMA DICA:

Voltem aos capítulos anteriores e sigam aqueles passos. Como ela, vocês também terão os mesmos resultados.

Boa Sorte!

Capítulo 7

A mente, o cérebro e a busca pelo sucesso

INTRODUÇÃO

> Ver diferente é a condição necessária
> para continuar a ver.
> Gaston Bachelard

A mente é o primeiro e mais importante caminho para vencer na vida, de um modo geral, e nos concursos, de um modo particular.

Ao nos propormos a escrever um livro sobre PNL para concursos, a ideia foi reunir os dados mais importantes sobre a matéria em face dos concursos. Para tanto, ninguém melhor do que Carmem Zara, minha coautora, por conta de sua capacidade e competência no tema.

Vencidos os Capítulos 1 a 6, cabe-me transmitir algumas lições e experiências que acumulei e que podem ser úteis ao leitor e que, de alguma forma, estão relacionadas à PNL e ao uso do cérebro/mente em busca da realização de sonhos e objetivos.

O primeiro passo será mencionar que a PNL me ajudou muito nos concursos e na vida, e para aprender a lidar melhor com o imenso potencial que eu – como qualquer pessoa – tenho. Começo por repetir rapidamente aquilo que falei sobre PNL no meu livro *Como Passar em Provas e Concursos*.

PROGRAMAÇÃO NEUROLINGUÍSTICA

A Programação Neurolinguística – PNL, como qualquer outro conjunto de técnicas de controle da mente, é útil ao interessado em aperfeiçoar-se. Para compreender a ideia básica da PNL, podemos recorrer ao chamado *Seminário de PNL em 3 minutos*, de O'Connor e Seymour (1995).

Para obter sucesso na vida é preciso ter em mente três coisas:

1

Saber o que quer. Ter uma ideia
clara do objetivo desejado em qualquer situação.

2

Estar alerta e receptivo
para observar o que está conseguindo.

3

Ter flexibilidade para
continuar mudando até conseguir o que quer.

A PNL trabalha procurando relacionar e organizar nossos comportamentos decorrentes do sistema neurológico, isto é, dos cinco sentidos, com o uso da linguagem tanto para se autoprogramar como para estabelecer comunicação com terceiros. A PNL se preocupará com a forma de assimilação das informações, com os mapas e filtros mentais, com a definição de objetivos, metas, cura de estados emocionais etc.

Tratando este livro de aumento do desempenho humano e do cérebro, naturalmente existe uma gama de temas tratados por outros sistemas, como a PNL, o Método Silva de Controle da Mente (que, por exemplo, trabalha muito o uso do estado alfa). Quem tiver interesse em aprofundar-se nesses estudos, poderá adquirir material ou realizar cursos sobre tais campos de estudo.

Pressuposições da PNL. Por força de sua aplicação ao nosso assunto, transcreverei a seguir as treze pressuposições da PNL elaboradas por Spritzer (1993, p. 163), e que são coincidentes com cuidados no estudo e realização de provas e concursos.

PRESSUPOSIÇÕES DA PNL

1) *Não há substituto para canais sensoriais limpos e abertos.*
2) *Todas as distinções que os seres humanos são capazes de fazer em relação ao ambiente (interno e externo) e aos nossos comportamentos podem ser representadas através dos registros sensoriais visuais, auditivos, cinestésicos, gustativos e olfativos.*
3) *O significado da sua comunicação é a resposta que você obtém, independente da sua intenção.*
4) *Resistência é um comentário sobre a inflexibilidade do comunicador.*
5) *As pessoas têm todos os recursos necessários para fazer as mudanças desejadas.*
6) *O valor positivo de uma pessoa é mantido constante sempre que o valor e a adequação do seu comportamento interno e/ou externo forem questionados.*
7) *O mapa não é território.*
8) *Todo comportamento tem uma intenção positiva.*
9) *Existem duas pessoas em todos nós: a consciente e a inconsciente.*
10) *Se você fizer o que sempre fez, terá a resposta que sempre teve.*
11) *A natureza do Universo é a mudança.*
12) *Não há erro, só resultado.*
13) *Não há fracasso, só experiência.*

Auxiliares linguísticos. Por incrível que pareça, basta substituirmos algumas palavras por outras "cerebralmente" mais adequadas que nosso desempenho será aumentado, por isso é sempre importante mantermos nossas palavras em concordância com nossos desejos reais, conforme já foi abordado no Capítulo 1.

CÉREBRO E MENTE

Diferença entre mente e cérebro

Não se deve confundir cérebro e mente. Cérebro é um órgão do corpo humano, e a mente um conjunto de atividades e percepções, que incluem a consciência e o pensamento.

O dicionário Aurélio se refere ao cérebro como "Porção do encéfalo que ocupa, na caixa craniana, toda a parte superior e anterior", de forma bem limitada à anatomia. E, no sentido figurado, se refere ao cérebro como "Inteligência, cabeça, talento".

Uma consulta rápida à Wikipedia revelará que:

> **Mente** é o estado da **consciência** ou **subconsciência** que possibilita a expressão da natureza humana. É um conceito bastante utilizado para descrever as funções superiores do cérebro humano relacionadas à **cognição** e **comportamento**. Particularmente aquelas funções que fazem os seres humanos **conscientes**, tais como a **interpretação**, os **desejos**, o **temperamento**, a **imaginação**, a **linguagem**, os **sentidos**, embora estejam vinculadas às qualidades mais inconsciente como o **pensamento**, a **razão**, a **memória**, a **intuição**, a **inteligência**, o **arquétipo**, o **sonho**, o **sentimento**, **ego** e **superego**.[1]

Já o Aurélio se refere à mente como:

1. Intelecto, pensamento, entendimento; alma, espírito.
2. Concepção, imaginação: *a mente fértil do artista.*
3. Intenção, intuito, desígnio, disposição, tenção: Era sua mente não sair dali.

De boa mente – De boa vontade; de bom grado: "Viveria de boa mente os últimos tempos no interior de uma casa única, vedada ao mundo" (Machado de Assis, *Quincas Borba*, p. 312). (...)"

Muitos veem a mente como basicamente o pensamento, mas a mente vai um pouco além. A consciência e a percepção também se valem da capacidade humana de perceber o ambiente ao redor e de experimentar o mundo através dos cinco sentidos. Isso, se não quisermos falar na discussão sobre outros sentidos.

Não se impressione, porém, se a palavra cérebro for usada no sentido figurado e, assim, em acepção que pode ser confundida com a mente.

---

1 (<http://pt.wikipedia.org/wiki/Mente>. Acesso em: 07 dez. 2014, 22h51).

O importante é perceber que, na qualidade de seres humanos, somos dotados de um grau de percepção, comunicação, abstração, imaginação e criatividade que nos torna únicos entre todas as espécies do planeta. Essa capacidade decorre de um cérebro privilegiado e de um conjunto de pensamentos, consciência, atividade inconsciente e percepções físicas, sensoriais e extrassensoriais a que podemos nos referir pelo termo "mente" ou, ainda se valendo de liberdade vocabular e do sentido lato, como "pensamento". Obviamente, com o termo "pensamento" sendo visto de uma forma mais ampla.

Se eu fico quieto e pensando, é uma coisa; quando eu penso e, para tanto, me valho do ambiente e de minhas percepções, continuo "pensando", mas de uma forma muito mais ampla, complexa e inteligente. Por fim, se esse pensamento está aberto a outros seres pensantes e à percepção do mundo, o que era uma atividade praticamente íntima se torna uma poderosa usina não só de ideias mas também de transformação da realidade.

Uma vez que somos destinados a viver nossas vidas na pressão de nossas mentes, nosso dever é mobilia-las bem.

Peter Ustinov

Algumas observações importantes sobre o cérebro e seu funcionamento

Nosso cérebro e os neurônios. O cérebro humano possui cerca de 10 bilhões de neurônios, que são as células mais diferentes de nosso organismo, apresentando maior complexidade estrutural e funcional.

Vamos recorrer aos autores citados para explicar melhor a respeito dos neurônios (*op.cit.*, p. 34):

> Um neurônio é capaz de criar até 10.000 sinapses, ou seja, até 10.000 conexões com neurônios adjacentes. Considerando que cada conexão responde através de um sim ou um não, tipo um bit (a menor unidade de informação – sim/não, ligado/desligado...), o número máximo de respostas sim/não que o cérebro pode conter é aproximadamente $10^{10} \times 10^{4} = 10^{14}$, ou 100 trilhões de bits (esse cálculo será esmiuçado mais adiante). Para se ter uma ideia da quantidade de conexões, o número de grãos de areia que a Terra inteira poderia conter num volume na base de 10 grãos por mm^3 é igual a 10^{31}. Em outras palavras, o cérebro possui a capacidade de armazenamento correspondente a cada grão de areia de uma grande parte do planeta.

Deve-se levar em conta que os valores argumentados são aproximados. Muitas dessas conexões devem conter a mesma informação que outras. Outras poderão estar ligadas a funções motoras e outras a funções não cognitivas. Muitas delas, talvez, devem estar ligadas a funções não específicas, apenas esperando o dia em que terão responsabilidades atribuídas. Dessa forma, o encéfalo elimina 99% de toda a informação sensorial captada, 100 milhões por segundo (calor, mal-estar, visão, cheiro, som, desconforto...), por considerá-la de pouca importância.

Observação:

Por se tratar de tema mais específico a respeito do cérebro, utilizaremos informações de diversas obras constantes da bibliografia, aqui em especial dos livros de Goodman e Gilman (1987), Bloom (1975 e 1987), Angelo Machado (1993), Dryden e Vos (1996), Tafner, Xerez e Rodrigues Filho (1995) e Luiz Machado (1991), além das referências bibliográficas feitas por eles.

Há outros autores que dizem ter o cérebro 100 bilhões de neurônios ativos, além de mais 900 bilhões de outras células.[2] Segundo eles, cada neurônio comporta de 2.000 a 20.000 sinapses. Se for essa a conta correta, você pode multiplicar a capacidade do cérebro por 20.

Sinapse é o contato que ocorre entre dois neurônios. **Dendritos** são ramificações dos neurônios, semelhantes a galhos, que podem receber e transmitir informações, através dos quais os neurônios se conectam, formando a sinapse. Para que a informação se movimente, existem trilhas chamadas de **axônios**, que servem como "cabos elétricos". Esses cabos são cobertos por uma substância chamada de **mielina**, que serve para isolar a informação a fim de tornar mais eficiente sua transmissão.

A regra é cada neurônio possuir um axônio e vários dendritos. O axônio se liga ao dendrito de outro neurônio. Da mesma forma, os vários dendritos do neurônio conectam-se com axônios de outros neurônios. O conjunto forma uma extraordinária rede (a rede neural) capaz de armazenar, transmitir e associar informações e conhecimento.

Todo esse sistema funciona através de eletricidade e componentes químicos, consumindo glicose (açúcar) e oxigênio, combustíveis indispensáveis para o cérebro. Aquilo que chamamos de pensamento e raciocínio, de aprendizagem e memorização, nada mais é do que esses bilhões de neurônios se ligando e formando associações e relações, através de dendritos e axônios protegidos por mielina.

---

2 DRYDEN, Gordon. *Revolucionando o aprendizado*, 1996, p. 72.

Nessa operação, ocorrem modificações químicas e físicas na estrutura do cérebro. Essas associações podem se multiplicar quase que infinitamente, de modo aleatório, com capacidade de assimilação e de elaboração de novas combinações. Se você pudesse ver uma rede neural, contemplaria bilhões e bilhões de neurônios interligados em uma cena parecida com milhares de teias de aranha entrelaçadas. Nessas redes, estarão fluindo eletricidade, componentes químico-orgânicos e a seiva de tudo, conhecimento, guardado e aperfeiçoado através de associações.

Daí a ideia que desenvolvi chamada "agregação cíclica": quanto mais conhecimento, mais associações; quanto mais associações, maior a quantidade de energia e componentes químicos que permitirão novas e mais elaboradas associações. Aprender (associar o novo ao já assimilado) funciona como colocar óleo e combustível na máquina. Os mecanismos humanos tendem a se esgotar com o uso. Nosso cérebro não funciona assim: aqui, quanto mais se usa, mais se aumenta sua aptidão para uso.

Para efeito de comparação, faremos uma relação entre o neurônio e o bit, que é a menor unidade em computação. Como já demonstramos anteriormente, o neurônio tem um funcionamento distinto dos bits/bytes. A analogia, contudo, é bastante esclarecedora.

Se o cérebro possui 100 trilhões de bits, ele possui 100.000.000.000.000 de unidades, o que significa que possui 12.500.000.000.000 de bytes. Isso significa que nosso cérebro possui 12.207.031.250 Kbytes (1 Kbyte = 1.024 bytes). Um Megabyte possui 1.024 Kbytes. Logo, nosso cérebro possui 11.920.929 Megabytes. Um Gigabyte possui 1.024 Megabytes. Logo, nosso cérebro possui pelo menos **11.641 Giga**. Um HD[3] razoável, hoje, tem 1 Tera. Assim, o cérebro tem o equivalente a, aproximadamente, 11 HDs de qualidade. Esse exemplo é apenas para ilustrar a capacidade do cérebro, mas não podemos deixar de observar que um HD é constituído por informações binárias (0 e 1) que estão armazenadas fisicamente, uma a uma, já nosso cérebro funciona por associações de modo que essa capacidade pode ser apenas uma prévia do que você efetivamente pode reter em sua mente.

E ainda tem muita gente que se autolimita no estudo achando que "é matéria demais"... E aí o cérebro, que é programável, em algum ponto da matéria irá, aleatoriamente, parar de aprender, obedecendo ao seu programador (você) e deixando de usar esse mundo de memória disponível.

3 Até a 4ª edição utilizou-se como referência HDs de 200 Giga, tamanho de armazenamento já considerado obsoleto, o que igualava o cérebro a 58 HDs.

A agregação cíclica e o estudo

A ideia da agregação cíclica traz consigo outras, como a de velocidade de dobra e a demonstração de como esses "ciclos" funcionam. Esse tema também é abordado no livro *Como Passar em Provas e Concursos*, mas sempre é bom retomar.

Agregação cíclica e demonstração dos ciclos

TEMPO EM CICLOS DE ESTUDO (SEMANAS, MESES ETC)	CONHECIMENTO ANTERIOR	CONHECIMENTO AGREGADO (CRESCIMENTO)	TOTAL DE CONHECIMENTOS
CICLO Nº 1	1,0	+1,0	2,0
CICLO Nº 2	2,0	+1,0	3,0
CICLO Nº 3	3,0	+1,2	4,2
CICLO Nº 4	4,2	+1,8	6,0
CICLO Nº 5	6,0	+2,5	8,5
CICLO Nº 6	8,5	+3,5	12,0
CICLO Nº 7	12,0	+6,5	18,5
CICLO Nº 8	18,5	+12,5	31,0
CICLO Nº 9	31,0	+22,0	53,0
CICLO Nº 10	53,0	+47,0	100,0

Vamos analisar algumas particularidades desse fenômeno:

Início

Os ciclos podem compreender dias, semanas, meses ou até anos. O número 100 é o grau de conhecimento hipotético que é preciso para se passar em um concurso, é a nota mínima para passar.

Ciclo nº 1

Quando a pessoa começa, ela sabe apenas 1 em 100 graus necessários. O objetivo está distante, mas isso não impede que ele seja alcançado. Ao começar a estudar não se sabe praticamente nada. O grau 1 é dado porque ninguém começa do nada, já que traz experiências anteriores. No ciclo 1, a pessoa aprende + 1.

Ciclo nº 2

Aqui a pessoa aprende a mesma quantidade. Aparentemente não está aprendendo "nada". Poderá pensar que não está melhorando, pois nesta fase o crescimento é lento, em progressão aritmética e às vezes parece até piorar. Esta fase é, todavia, essencial para que se alcancem as demais. Aqui o cérebro começa a se exercitar e a se preparar para as novas agregações de conhecimento. Nesta fase, pode haver a sensação de confusão ou desagregação.

Ciclo nº 3

Começa a haver progresso: a pessoa passa a aprender 1,2, ou seja, tem um rendimento 20% maior. Se olhar o grau 100, pode até desistir; se curtir o seu progresso, continuará a estudar.

Ciclos nºs 4 a 6

Vê-se que a agregação de conhecimentos começa a deslanchar. O aumento é lento, mas gradual. A curva de agregação, que subia lentamente, começa a subir mais vigorosamente.

Ciclos nºs 7 e 8

A pessoa começa a quase dobrar seu rendimento de ciclo para ciclo. A fase da progressão geométrica está iniciando. Às vezes, a pessoa se assusta tanto que começa a mandar mensagens negativas para o cérebro, tais como: "É matéria demais", "Vou esquecer alguma coisa" etc. Essas mensagens venenosas podem ser obedecidas pelo cérebro, em prejuízo do próprio candidato. Pense positivamente. Esta fase é o começo da colheita. Veja que aqui o total de conhecimentos (20 a 30 em 100 necessários) começa a dar não só a esperança como a convicção de que é possível passar.

Ciclo nº 9

Aqui o conhecimento passa a dobrar por ciclo. É impossível chegar nesta fase sem "penar" nas anteriores. O pior risco desta fase é o fato de que o candidato já está há muito tempo estudando. Muitos desistem bem perto do sucesso. É o famoso "morrer na praia". É nesta fase que o candidato começa a tirar notas "raspando" e, muitas vezes, interpreta o "quase passei" como fracasso e não como o que é: um glamoroso sucesso. Nesta fase, basta não parar o trem.

Ciclo nº 10

Fase em que a agregação por ciclo é superior à dobra do conhecimento anterior. A tendência agora é multiplicar a agregação por três, por quatro etc. Isso nem precisaria ocorrer, pois nada, senão o tempo, impede a conquista do grau de conhecimentos necessários para passar. Todavia, quando o grau é 100, o candidato dependerá ainda um pouco da sorte: cair o que já estudou, do humor do examinador, de estar ou não em um dia "daqueles" etc. Pode ser que, mesmo sabendo o necessário, não passe, fique por um triz. Curiosamente, há quem desista nesta fase porque ficou por pouco em alguns concursos e continua "apanhando". A solução aqui é não parar e estudar mais um pouco para não depender da sorte. Além disso, deve-se analisar o desempenho, aperfeiçoar as revisões e o estudo nos pontos da matéria onde ainda encontre alguma dificuldade, ou seja, "aparar as arestas".

A possessão real do homem é sua memória. Em nada mais ele é rico, em nada mais ele é pobre.
Alexander Smith

Variabilidade pessoal

As explicações anteriores são gerais, podendo haver alguma variação de pessoa para pessoa. O princípio, contudo, sempre ocorre: o conhecimento cresce em progressão geométrica, de modo que quanto mais tempo você se mantém estudando, mais rápido aprende e mais rápido chega à "velocidade de dobra".

Outro detalhe: não se preocupe em contabilizar seu aumento de conhecimentos para o fim de verificar ciclos ou velocidade de dobra. Apenas saiba que as coisas funcionam assim, estude com regularidade, exercite-se e deixe as coisas acontecerem. É preciso conhecer bem a si mesmo para perceber como os ciclos funcionam com você.

Velocidade de dobra

O candidato, mais cedo ou mais tarde, chega àquilo que chamo de "velocidade de dobra", estágio em que será capaz de, a cada ciclo, dobrar a quantidade de conhecimento agregado. Veja que mesmo que a progressão parasse na velocidade de dobra, já seria um espetáculo.

No exemplo citado, os aumentos de conhecimentos foram de 1,0 – 1,0 – 1,2 – 1,8 – 2,5 – 3,5 – 6,5 – 12,5 – 22,0. Se, a cada ciclo, se agregasse um grau 20, já seria ótimo. O melhor é que depois que se chega a esse ponto, o ritmo do aumento de conhecimentos continua a crescer.

Esse fenômeno não acontece apenas individualmente. A raça humana, nos tempos antigos, levava séculos para dobrar seu nível de conhecimento. Atualmente, considera-se que a cada dois anos se dobra a quantidade do conhecimento da Humanidade e há previsão de que esse prazo de dobra ficará ainda menor em um futuro próximo. No caso do estudante, basta ter paciência e dedicação, ao lado de qualidade no estudo, para alcançar a "velocidade de dobra".

As coisas sempre terminam bem.
Se ainda não estão bem é porque não chegaram ao fim.
Fermando Pessoa

Gráfico do tempo de estudo em face da agregação de conhecimentos

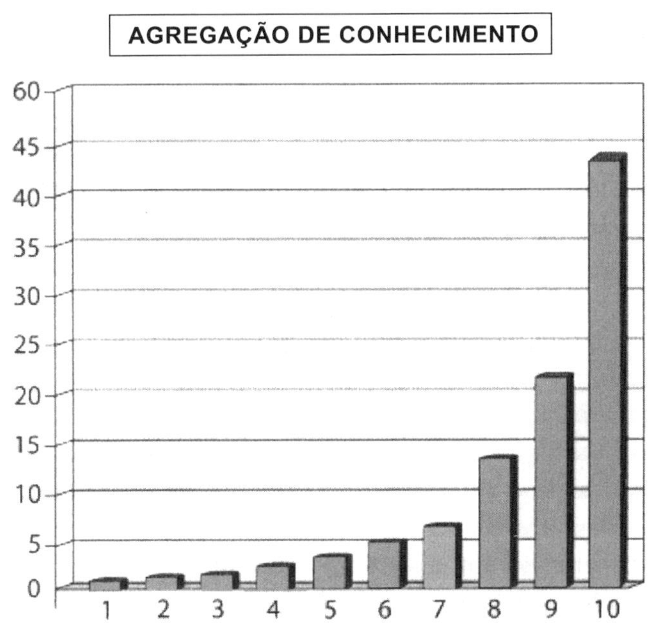

Veja, em forma de gráfico, a relação entre tempo de estudo (Ciclos de nº 1 a 10) e quantidade de conhecimento agregado (1 a 50).

Linha do tempo (ciclos de estudo)

Comparação entre os ciclos

Observe uma rápida comparação entre os ciclos de estudo em relação à progressão de conhecimento agregado:

CICLOS (CADA UM DOS PERÍODOS DE ESTUDO, EM SEMANAS OU MESES)	QUANTIDADE DE CONHECIMENTO AGREGADO NO CICLO / PERÍODO
CICLOS N$^{\underline{os}}$ 1,2 e 3	3,2
CICLOS N$^{\underline{os}}$ 4,5 e 6	7,8
CICLOS N$^{\underline{os}}$ 7,8 e 9	41,0
CICLO N$^{\underline{o}}$ 10	47,0

a) Nos três primeiros ciclos, a pessoa aprendeu "apenas" 3,2, quantidade de agregação que foi mais do que dobrada nos três ciclos seguintes (7,8).

b) Nos ciclos n$^{\underline{o}}$ 7, 8 e 9, o aumento foi enorme em comparação com os seis primeiros ciclos (41,0 contra 11,0). Como se vê, a curva que relaciona tempo de estudo (ciclos) e agregação de conhecimentos começa subindo bem lentamente, vai se acelerando e, mais cedo ou mais tarde, explode, subindo como um foguete.

c) No ciclo 10, ou seja, em um único ciclo (que pode ser, por exemplo, os últimos 3 meses de uma série de 30), a agregação foi de 47,0, superando os três ciclos anteriores, que já tinham sido de grande sucesso.

↻ Para aprofundar essa ideia, consulte a "teoria do quebra-cabeça", que também trata da progressão no aprendizado, no livro *Como Passar em Provas e Concursos.*

A **moral da história** é que você simplesmente deve seguir adiante. Gaste quanto tempo quiser até decidir qual é o seu objetivo, mas se ele for o de passar em um concurso, persista até conseguir. Os tempos de aprendizagem variam de pessoa para pessoa. Você deve continuar estudando, sobretudo nos ciclos de crescimento rápido, geométrico. Imagine estar quase alcançando a "velocidade de dobra" e parar... Não seria um desperdício?!

É pertinente perguntar quando passará no concurso sem se dar um prazo. Não existe prazo.

Nossa maior fraqueza está em desistir. O caminho mais certo para vencer é tentar mais uma vez.

Thomas Edison

OS DOIS HEMISFÉRIOS E SUA UTILIDADE PARA O ESTUDO

No livro *Como Passar em Provas e Concursos* já disse que: "O cérebro possui dois hemisférios (direito e esquerdo), ligados pelo 'corpo caloso'. O lado esquerdo trabalha linguagem, fala, lógica, números, matemática, sequência e palavras. O direito trabalha rima, ritmo, música, pintura, imaginação, imagens, modelos e harmonias."

A utilidade desse conhecimento para o estudo é a de procurar desenvolver as habilidades que, por alguma razão, não colocamos em prática. O rumo natural é sempre se fazer o que é mais fácil, o que em princípio gostamos mais. Com isso, deixamos de empregar aptidões e competências que, embora menores em um primeiro momento, podem crescer e se revelar um excelente meio para fazer do cérebro um equipamento mais versátil.

A aptidão para o uso de um ou outro hemisfério faz da pessoa um artista ou um político, um cientista ou um escritor. O lado esquerdo é mais "acadêmico", mais "estudioso", ao passo que o direito é mais "artístico", mais "criativo". Não existem pessoas mais isto ou mais aquilo: existem pessoas que usam mais seu potencial disso ou daquilo. É claro que há os gênios, que são excepcionais em alguma habilidade ou na combinação delas, mas o gênio é a exceção.

A técnica é fazer com que o "acadêmico/estudioso" seja mais sensível, crie soluções e saiba dar a beleza da arte aos seus escritos, fala e gestos. A intenção é trabalhar para que o "artista/criativo" saiba dar beleza aos seus trabalhos acadêmicos e usar sua criatividade para lhes dar substância. O melhor trabalho é o que conjuga as duas características: a substância e o rigor da ciência com a beleza e a criatividade da arte. Logo, o ideal é que cada um aprenda a equilibrar as habilidades a fim de obter um resultado mais completo. A perfeição se atinge quando se harmonizam os dois hemisférios.

A velocidade de processamento de cada um dos hemisférios também é diferente. O lado esquerdo, por ser analítico, processa as informações com mais vagar.

Todos podemos aprender a utilizar os dois lados do cérebro e, assim, alcançar os benefícios da conciliação entre suas competências. O fato de usarmos mais um dos hemisférios não nos impede de desenvolver o outro e, se o fizermos, teremos uma máquina mais capaz e completa.

Procure saber qual dos hemisférios "tem a ver" mais com suas habilidades:

HEMISFÉRIO ESQUERDO	HEMISFÉRIO DIREITO
Acadêmico, estudioso, disciplinado.	Artista, criativo, livre.
Detalhista, mecânico, busca a substância.	Generalista, dinâmico, busca a essência, as características.
Cético, fechado, o interior.	Receptivo, aberto, aventura.
Cauteloso, lógica (mais linear) e pensamento.	Pensamento (mais) aleatório.
Analítico, números, matemática.	Intuição, arte.
Orientação espacial, sequência.	Artístico, meditação, música, pintura, cores.
Trabalha com preto e branco.	Trabalha com a memória visual linguagem, com palavras, é verbal.

Observação:

Repare que o temperamento tem considerável relação com a utilização dos hemisférios cerebrais, permitindo um aperfeiçoamento simultâneo de ambos.

Em geral ensina-se ao aluno a aproveitar mais a sua aptidão natural, a estudar fazendo uso dela. Isso é correto, mas não é só. Após definir onde você melhor se encaixa, é hora de desenvolver o outro hemisfério cerebral. Para isso, use-o. Sugestões:

1) **Se tem mais características do lado esquerdo**: Adquira um disco de Antonio Vivaldi (por exemplo: As Quatro Estações), Tomaso Albinoni ou Arcangelo Corelli. Vá para um lugar tranquilo e reservado, coloque-o para tocar, ouça uma vez, procurando sentir

a música, concentrar-se apenas nela. Em seguida, ouça de novo e procure regê-la como se você fosse o maestro. Não se iniba, apenas faça. Esse exercício é ótimo para o cérebro. Depois experimente outros compositores. Faça coisas novas e diferentes; compre telas e tinta de várias cores e comece a pintar; participe de um coro, ouça bastante música, faça um curso de dança de salão. Uma forma de ativar o lado direito é procurar fazer o desenho de algum objeto "às avessas", ou seja, tente desenhar o espaço aberto em volta dele.

2) **Se você tem mais características do lado direito:** Procure escrever e fazer operações matemáticas; adquira revistas com o "jogo dos sete erros" e faça-os, bem como aqueles jogos onde você tem que achar as palavras em uma página cheia de letras.

3) **Nos dois casos**, o propósito é desenvolver habilidades pouco exploradas. Após fazer os exercícios do item 1 ou 2, experimente fazer os outros. O exercício de regência imaginária é útil para todos. Saiba que, se você desenvolver habilidades "adormecidas", o seu cérebro funcionará melhor. É claro que você não irá querer que suas primeiras telas de pintura sejam obras de arte, pois o objetivo ainda não é esse. Como disse, apenas faça. E veja, sinta e ouça os resultados.

Em meus primeiros testes a respeito do uso dos hemisférios havia uma sensível preponderância do lado esquerdo. Através de esforço e treino, trabalhei o lado direito, aumentando o equilíbrio e, consequentemente, uma múltipla aptidão cerebral.[4]

MAPAS E FILTROS MENTAIS E SUA ATITUDE PARA O ESTUDO

No livro *Como Passar em Provas e Concursos*, já havia dito que:

> "Vários sistemas de controle da mente trabalham com essas ideias e mesmo que não exista qualquer orientação técnica, as pessoas costumam usar em maior ou menor grau essas características cerebrais."

Diz-se **mapa mental**, o conjunto de "anotações" que a pessoa vai fazendo de tudo aquilo que capta através dos sentidos. Se eu pedir, você será capaz, por exemplo, de fazer um mapa para se chegar até sua casa. Se eu apontar uma rua que está interditada, ou se for inaugurada uma

---

4 **Observação:** Alguns estudos sustentam que a divisão do cérebro em dois hemisférios está superada, com o que não concordamos.

nova estrada mais rápida, você fará alterações em seu mapa cerebral sobre como chegar em casa. O **mapa cerebral** não "anota" apenas isso, registra o desenho que você faz das pessoas, dos valores, da matéria, de absolutamente tudo.

Mapa cerebral é o conjunto de "anotações" que a pessoa vai fazendo de tudo aquilo que capta através dos sentidos.

Um dos grandes princípios do estudo da mente é o de que "*o mapa não é o território*", isto é, por mais perfeito que seja nosso registro, uma coisa é a estrada e outra, nosso arquivo de como é a estrada. Além disso, duas pessoas poderão ter mapas parecidos ou diferentes sobre algo ou alguém, uma opinião distinta etc.

Nosso mapeamento do mundo sofre **limitações neurológicas, sociais e pessoais. Neurologicamente**, pois não somos capazes de apreender tudo (há sons que um cão ouve e nós não); **sociologicamente**, pois há tribos que acham normal ingerir lagartas e isso não está em nosso mapa de "ingeríveis"; e por **fatores pessoais**, como origem social, educação, traumas etc.

Os **filtros mentais** são processos que o cérebro utiliza para gerir nossa vida, processos esses que podem se transformar em fonte de auxílio ou de problemas. Os três filtros básicos são a **generalização, seleção e abstração**.

Generalização: é a capacidade de levar para novas experiências o substrato das anteriores. De certo modo, é a aplicação do conceito de lógica chamado de indução, que é a "operação mental que consiste em se estabelecer uma verdade universal ou uma proposição geral com base no conhecimento de certo número de dados singulares ou de proposições de menor generalidade". Se você compra um produto de determinada empresa e sua qualidade é péssima, haverá uma propensão a se considerar péssimo ou, pelo menos, não confiável tudo o mais que pela tal empresa for produzido. Se você sabe dirigir caminhão, provavelmente saberá dirigir ônibus etc.

Se a generalização é útil por um lado, por outro pode gerar preconceitos ou julgamentos antecipados e, assim, arriscados. Por exemplo, não é porque um religioso é desonesto que todos o serão. Outro risco é se pretender generalizar desprezando particularidades, como porque se sabe dirigir um carro de passeio se considerar apto para dirigir um trator. Embora a generalização facilite a tentativa, pode ser que a experiência apresente falhas. As fobias também são efeitos maléficos do fenômeno da generalização.

Seleção: é o processo pelo qual o cérebro age seletivamente, definindo as coisas nas quais prestaremos atenção e aquelas que deixaremos de lado. O exemplo mais citado é a conversa com alguém em particular no meio de uma reunião ou aglomerado de pessoas falando. Esse filtro só deixa passar o que queremos ou achamos importante. Ele pode ser útil para não deixarmos o "nervosismo" entrar "na festa", ou prejudicial, quando, por estarmos muito focados em algum ponto, não analisamos as demais informações ou circunstâncias disponíveis e necessárias para tomar uma decisão. Esse filtro é chamado de "omissão" pela Programação Neurolinguística (PNL), mas o termo seleção me parece mais indicado, pois é o vetor ativo, positivo.

Abstração: é a capacidade de o indivíduo filtrar um ponto e criar sobre ele a capacidade de se retirar da realidade (filtrá-la toda) e trabalhar sobre elementos imaginários, mentais, internos. É aqui que se criam os romances, a ficção, a fantasia, as invenções etc. Há casos de pessoas que conseguiram sobreviver a campos de concentração e tragédias utilizando a capacidade de se abstrair da realidade para suportar temporariamente a pressão. Através da abstração somos capazes de imaginar, criar, inovar etc.

O sonho e a abstração são positivos quando envoltos em responsabilidade e seguidos de ação.

O lado negativo é o devaneio, a fuga da realidade, a falta de concentração, a pessoa que deixa de realizar as suas tarefas no mundo real para se refugiar em fantasias sem ancoramento na realidade. Por outro lado, há de se evitar manifestações leves ou brandas de autismo, um fenômeno patológico caracterizado pelo desligamento da realidade exterior e criação mental de um mundo autônomo.

O sonho e a abstração são positivos quando envoltos em responsabilidade e seguidos de ação, ou seja, quando elementos integrantes de um projeto contínuo de aprimoramento da pessoa.

A PNL chama esse filtro de distorção. Distorcer é, todavia, "mudar o sentido, torcer, desvirtuar" e o que o cérebro faz é uma abstração, termo que a filosofia indica ser o "ato de separar mentalmente um ou mais elementos de uma totalidade complexa (coisa, representação, fato), os quais só mentalmente podem subsistir fora dessa totalidade". O termo distorção é adequado para os casos em que a abstração do indivíduo distorce a realidade, quando, a partir de um ponto da realidade, a pessoa passa a elocubrar e tirar da realidade ilações indevidas.

UTILIDADES E PERIGOS DOS MAPAS E FILTROS MENTAIS EM PROVAS E CONCURSOS PÚBLICOS

Mapas e filtros – utilidades e perigos

Mapa limitações neurológicas	Aperfeiçoado o sistema de captação, ele será igual ou melhor do que o dos examinadores. Aumentar as limitações por falta de condições de saúde relacionadas aos cinco sentidos.
Mapa limitações sociológicas	Fazer uma prova e dar soluções adequadas ao meio onde se vive. Deixar-se levar por preconceitos e paradigmas sociais.
Mapa limitações pessoais	A prova (letra, organização, clareza) é uma verdadeira "assinatura" da personalidade do candidato. É um reflexo de como ele é. Deixar-se levar pelas limitações pessoais (preconceitos, traumas etc.). Usar as limitações pessoais como desculpa para não ser competente o suficiente.
Filtro da generalização	Usar a analogia e a adaptação a partir de regras gerais e princípios. Ter um ponto de partida. Esquecer de atentar para as particularidades de cada caso. Julgar apressadamente.
Filtro da seleção/ omissão	Selecionar as atitudes e emoções positivas. Concentração, p. ex.: omitindo eventual barulho na sala. Fixar-se apenas em um ponto e deixar de levar em consideração o conjunto dos fatos (omissão).
Filtro da abstração/ distorção	Capacidade de raciocinar, criar, imaginar. Possibilidade de experimentar novos conceitos. Perder o contato com a realidade ou distorcer os fatos através de interpretações fantasiosas.

Observação:

1) A capacidade de abstração é um dos fatores que possibilitam a utilização da técnica VMR de solução para o "branco" em prova.
2) O filtro da seleção/omissão pode levar-nos a um julgamento inadequado da situação. Se gostamos mais de "A" e menos de "B", corremos o risco de, ao interpretarmos uma briga entre ambos, selecionarmos dados favoráveis a "A" e omitirmos os favoráveis a "B". Ser justo é, muitas vezes, saber filtrar imparcialmente os fatos.

MEMÓRIA

Uma das funções mais importantes do cérebro é a memorização, e ela é essencial para o sucesso, seja em concursos, seja na vida. Embora a memória não seja o foco principal desse livro, não podemos deixar de acrescentar as sugestões a seguir, adaptadas da apostila do Dr. Jairo Mancilha, que são para acelerar o processo de aprendizagem e memorização:

1) Faça pausas

Como o cérebro aprende por blocos de informação, ele precisa de tempo para reter cada bloco. Esse tempo varia de acordo com a complexidade do conhecimento e da novidade da informação. O bom é, entre 10 a 50 minutos de aprendizagem, fazer uma pausa de três a 10 minutos de descanso (relaxar, ouvir música, distrair a mente...).

2) Redobre a atenção

Durante o processo de aprendizagem, procure apreender ao máximo todas as informações transmitidas, visto que a tendência do nosso cérebro é lembrar com mais facilidade o início e o final do que foi passado. Assim, você aprenderá todo o processo.

3) Crie um filme em sua mente

Aposto que você jamais esqueceu daquele filme que marcou sua vida. Se eu lhe perguntasse agora sobre ele, você o contaria detalhadamente. Por que não fazer isso com seu aprendizado? Reescrever anotações dos estudos, acrescentar detalhes, falar sobre o conteúdo enriquecerá a sua memorização e, consequentemente, seu aprendizado.

4) Recupere sua memória

Faça uma investigação na memória revendo o alfabeto e acessando as letras para ter pistas da memória perdida (o famoso e detestável "branco"). Esse simples exercício faz com que, rápido, lembre-se da informação de que precisa.

5) Durma bem

Estudos científicos comprovam que uma redução de duas horas de sono pode prejudicar a lembrança no dia seguinte. A mente depende do sono para reter na memória qualquer aprendizado.

6) Faça exercícios regularmente

Para manter a memória ativa e a boa forma física, os exercícios regulares estimulam a liberação de endorfinas (aumentando a alegria), um excelente estimulante para uma boa aprendizagem.

7) Separe em blocos de informações

Para lembrar-se com mais facilidade daqueles conteúdos imensos, separe-os em blocos, isso facilitará o aprendizado do todo (aprendendo aos poucos cada bloco).

8) Faça revisões periódicas

As revisões da matéria em horas, dias, semanas e meses serão lembradas com mais facilidade. Lembre-se: o cérebro aprende por repetição.

9) Experimente Mozart

Estudos comprovaram que a música clássica reforça as habilidades de raciocínio. Além de Mozart, ouça Bach, Vivaldi, Handel e Corelli.

10) Incorpore alegria ao seu aprendizado

Se você já vai para o curso com aquela "cara amarrada", mude de atitude. Estar alegre aumenta sua capacidade de aprender.

11) Quando estiver em sala de aula, esteja na sala de aula

Você já deve ter percebido que, quando seus pensamentos resolvem fazer uma "viagem" durante as aulas, você pouco lembra do que o professor ensinou. Portanto, quando estiver no processo de aprendizagem, esteja voltado para o mundo externo, presente, direcionando todos os seus sentidos para o que está sendo ensinado. Você conseguirá reter mais informações.

12) Seja positivo

Em vez de alimentar crenças negativas, como achar que há muita matéria para estudar ou duvidar da sua capacidade, seja generoso com você e se elogie. Esses bloqueios foram estabelecidos por você sem nenhuma base real ou produtiva.

Falaremos, no capítulo 9, um pouco mais sobre os programas mentais que prejudicam o funcionamento do cérebro e da memória, e atrapalham o rendimento.

Capítulo 8

Habilidades do cérebro

> O Cérebro respira a mente como o pulmão respira o ar.
> Huston Smith – *Forgotten Truth*

INTRODUÇÃO

Este capítulo se propõe a dar alguns passos além, convidando-o a desbravar – ou pelo menos a saber que há muito a desbravar – as misteriosas leis da vida. Vamos parar de pensar pequeno! Se você quer realizar objetivos difíceis, precisa explorar todo o potencial do seu cérebro, da sua mente, e para isso precisa saber um pouco sobre as habilidades do cérebro. Você precisa de um tanto de curiosidade para ir vendo que tem um equipamento poderosíssimo nas mãos, ou, melhor, no seu corpo.

Os estudos sobre física quântica têm trazido novidades sobre o estudo do cérebro, da consciência e do poder extraordinário da nossa mente. Um dos estudiosos sobre o tema é o Dr. Eduardo Almeida[1], que nos traz notícia de vários estudos bem interessantes sobre estes assuntos.

O cérebro e a mente são fantásticos. Vejamos algumas dessas habilidades:

Habilidade / capacidade do cérebro de **não estar sujeito à dimensão geográfica**.

1 Em conferência proferida no Instituto Saúde da Comunidade da Universidade Federal Fluminense (UFF), 2010.

Habilidade / capacidade da consciência/memória de **não estarem sujeitas à dimensão física**, nem mesmo ao próprio corpo físico do cérebro.

Habilidade / capacidade do cérebro de **"dialogar" com todo o corpo** na tomada de decisões.

Nos próximos itens iremos abordar cada uma dessas habilidades.

HABILIDADE 1

Habilidade / capacidade do cérebro de não estar sujeito à dimensão geográfica

Einstein, em 1935, propôs a ação não local como uma característica da mecânica quântica (Einstein-Podalski-Rose Paradox). Só mais tarde se pôde demonstrar no humano.

Experiência 1. Duas pessoas foram colocadas em duas gaiolas de Faraday próximas. Elas fizeram uma meditação por um certo tempo e depois as gaiolas foram colocadas a 5 metros de distância. Ambos foram conectados ao registro de eletroencefalograma (EEG). Fez-se um estímulo luminoso em um deles apenas, enquanto se registrou o traçado EEG em ambos. Na leitura comparativa do EEG notou-se que as mesmas mudanças ocorreram simultaneamente nos dois indivíduos. Isso prova que o cérebro é capaz de estabelecer comunicação não local.[2]

Experiência 2. Em 1990 cientistas da US Army (Cleve Backster *et al*) testaram se uma molécula de DNA de uma pessoa colocada à distância mantinha conexão com o doador. Retirou-se células da mucosa oral, separou-se o DNA e o doador ficou em uma sala submetido a situações emocionais diversas. O DNA na outra sala respondia prontamente. Foi-se aumentando a distância até chegar a 350 milhas e se manteve a conexão. Isso prova que existe uma capacidade da mente que ultrapassa a barreira física do corpo. Alguns chamam isso de "Mente não local".

Experiência 3. Emily W. Jageger estava um dia sentada na sala da sua casa estudando quando sentiu algo lhe dizendo "você está morrendo". Em seguida começou a sentir falta de energia, respiração ofegante, pernas sem coordenação. Ela começou a orar e conseguiu se recuperar. No dia seguinte descobriu, pelo obituário do jornal, que no mesmo instante em que teve a experiência, uma senhora, sua homônima, havia falecido.

2 (fonte: Grimberg e Zyeberbaum, Physics Essays, 7:422, 1994).

HABILIDADE 2

Habilidade / capacidade da consciência/memória de não estarem sujeitas à dimensão física, nem mesmo ao próprio corpo físico do cérebro

A Sra. Claire Sylvia, uma americana conservadora que recebeu um transplante de coração, ficou intrigada quando passou a desenvolver um gosto por *nuggets* e por motocicleta. Na investigação sobre a vida do doador, constatou que ele era um jovem de 18 anos apaixonado por motocicletas e que adorava comer *nuggets*. Sylvia escreveu o livro A Change of Heart (*A Voz do Coração*, Claire Sylvia, 1999)

Existem diversos casos. Gary Schwartz, PhD, da Universidade do Arizona lista pelo menos 50 casos semelhantes, entre eles:

Caso nº 1. Graham fez um transplante de coração em 1996. O doador havia suicidado com um tiro. Após a cirurgia passou a se corresponder com a viúva do doador, a Sra. Cherryl Cottle. Em 2001 ele comprou uma casa para ela e depois eles se casaram. Em 2006 ele confessou: "Eu sinto como se a conhecesse há anos." Em 2008 ele cometeu suicídio nos mesmos moldes do doador.

Caso nº 2. Um homem recebeu o coração de um jovem músico que amava música clássica e morreu enquanto tocava violino. O receptor que antes não tinha qualquer ligação com a música clássica passou a ser um aficionado.

Caso nº 3. Uma mulher lésbica de 28 anos que adorava *fast food* recebeu o coração de um jovem vegetariano de 19 anos. Ela desenvolveu aversão à carne e se casou com um homem após o transplante.

Não há um espaço onde o nosso corpo começa
nem um lugar onde ele termina.
Jeffrey Thompson

HABILIDADE 3

Habilidade / capacidade do cérebro de "dialogar" com todo o corpo na tomada de decisões

Dean Radin do Programa Heart Math estudou a influência de pensamento e emoções sobre as pessoas. Primeiro mediu a atividade eletrodérmica sob pensamentos sedantes e excitantes e notou diferença. Depois usou imagens que acalmavam e excitavam enquanto fazia o registro de eletroencefalograma (EEG) e eletrocardiograma (ECG). Notou claramente a resposta do coração. A grande surpresa foi constatar que a resposta do coração aparecia antes da resposta cerebral. Mas, o mais impressionante foi notar as alterações em ambos traçados, segundos antes de aparecerem as imagens na tela.

"Nossos dados sugerem que o coração e o cérebro juntos recebem, processam e decodificam informação intuitiva. Com base nesses resultados e em outros estudos, nos parece que a percepção intuitiva é um amplo processo sistêmico, em que coração e cérebro (possivelmente outros sistemas) têm um papel central".[3]

A mente pode vir a racionalizar decisões apenas posteriormente. Nesse passo, o Psicólogo Brad Blaton seguindo o fenômeno de Libet considera que o atraso significa que a mente pensa racionalizações para explicar os atos que fazemos – depois que nós já decidimos fazê-los. Ou seja, a racionalização ocorre após o fato (Brad Blaton. *Radical Honesty*)

Isto só confirma nossa defesa da importância de lazer, atividade física e equilíbrio emocional. A máxima *mens sana in corpore sano* está correta. Se você quer ter sucesso em desafios intelectuais, não pode se dar ao luxo de usar apenas seu cérebro e sua capacidade lógica, isoladamente. É preciso ativar as emoções, o corpo e a estabilidade e equilíbrio do conjunto.

HABILIDADE 4

Habilidade de influenciar resultados aleatórios

Os Profs. Robert Jahn e Brenda Dunne da Universidade de Princeton mostraram que a intenção pode modificar resultados aleatórios. Desenvolveram uma máquina eletrônica semelhante a uma máquina de jogo que emite resultados aleatórios, chamou-a de REG (*Randon Event Generator*). Em seguida, pediu para que pessoas através do pensamento influenciassem o resultado. Os referidos estudos puderam comprovar que essa influência ocorria de forma significativa.[4]

---

3 McCraty, Rollin *et al. Eletrophysiological Evidence of Intuition Part 2: System Wide Process?* J. Alt. And Complem. Med, 10(2): 325, 2004.

4 Para aprofundamento, ver Jahn & Brenda. *Margins of Reality: The Role of consciousness in the Physical World.* San Diego: Harcourt Brace, 1987.

Em 1996, o respeitado pesquisador Dean Radin, usando REGs, desenvolveu um programa continuado de geração de resultados em um processo aberto, e avaliava quando algum grande evento acontecia – desde catástrofes até grandes mobilizações de mídia.

Junto com Roger Nelson desenvolveu *o Global Consciousness Project* que "captou" cerca de 50 grandes eventos mundiais. Eles puderam comprovar a coerência mesmo antes dos eventos. Notou claro registro nos atentados ao World Trade Center de NY em 11/9 às 8:45h e em seguida com a queda das torres. Mas, o mais surpreendente foi notar a coerência às 6:00h do dia 11/9. Sob certo aspecto, a humanidade já tinha captado a tragédia mesmo antes de ela acontecer!

LIÇÕES PARA PROVAS E CONCURSOS

Qual a aplicação disso tudo em um livro sobre aprovação em concursos? Qual o resultado de saber que essas coisas existem? Saber que embora sejam ainda assuntos polêmicos e misteriosos, estão sendo estudados por cientistas sérios? Basicamente, é uma forma de mostrar que ainda estamos tateando no escuro em busca da verdade sobre o cérebro e a memória e a maneira como funcionam, mas podemos concluir que são equipamentos extraordinários! Que têm uma potencialidade muito além do que se noticia e que, quando exercitado e tratado de forma correta, pode levar a grandes conquistas e mudanças de vida e atitude.

É preciso, portanto, que você pare de pensar pequeno ou achar que "não tem uma boa memória" ou que precisaria ser mais inteligente do que já é, como tratamos nos capítulos anteriores. Pois afinal, como já foi dito por Luiz Machado, o criador do conceito de Inteligência Emocional, inteligência é a capacidade de adaptação em busca da própria felicidade.

Recomendamos que você utilize os conceitos e orientações dadas nos capítulos sobre memorização e que fique tranquilo, seu cérebro irá fazer o que lhe compete se você programa-lo e trata-lo adequadamente. A matéria, bem como os bons hábitos, não ficarão apenas retidos como informação, eles se tornarão parte constituinte do seu cotidiano. Há muitos livros que tratam sobre esse assunto e que apresentam outras tantas experiências que comprovam o funcionamento excepcional do cérebro, inclusive o livro *Como Passar em Provas e Concursos*, do qual este livro, embora autônomo, é um aprofundamento no que diz respeito ao cérebro. O importante para se obter resultados positivos na programação do seu cérebro para alcançar seus objetivos é confiar em si mesmo. Sim, confiar em você! Confiar que você tem todas as ferramentas para conseguir alcançar os objetivos que deseja.

Outro ponto importante é estar bem, em paz, com calma e serenidade. A tranquilidade e o equilíbrio são necessários tanto para a guerra, como cita Sun Tzu, em *A Arte da Guerra*, quanto para você se conectar com a energia V. Eu acredito que ela exista. Nesse livro você já viu que passamos por vários modelos de conhecimento diferentes, que se completam.

O método científico e a ciência tradicional não respondem a tudo, mas ajudam. Mas não vamos pensar nisso agora, pois, afinal, você tem alguns objetivos imediatos. Vamos apenas trabalhar o básico:

1. acredite no equipamento que você tem (cérebro, memória etc.); e
2. procure estar em paz e equilíbrio[5], em um estado emocional adequado, que com isso seu rendimento irá aumentar. Para tanto, recomendamos, entre outras coisas, fazer uma boa administração do tempo e ter a dose adequada de sono, lazer e atividades físicas e relacionais.

O matemático Roger Penrose ao tomar também o fenômeno de Libet diz:

> "Eu penso que nós podemos estar atualmente bastante errados quando aplicamos as teses comuns da física para o tempo quando consideramos a consciência! A ciência está chegando onde a espiritualidade já está por milhares de anos; Buddha estimula-nos a manter o estado de calma e a atenção sem desejo no momento presente. Relembra-nos que: nós somos o que pensamos. Tudo o que somos emerge do nosso próprio pensamento. Com o nosso pensamento nós fazemos o mundo". Roger Penrose[6] em *Emperor's New Mind.*

5 Comentaremos esse assunto especificamente mais a frente.

6 Citação extraída da obra *Emperor's New Mind.* Sir **Roger Penrose** é um **físico matemático inglês, professor emérito** de **matemática** da **Universidade de Oxford**. Penrose reinventou a matriz inversa generalizada (também conhecida como **inversa Moore-Penrose**. Penrose obteve seu **doutorado** na **Universidade de Cambridge** em 1958. Ele inventou e popularizou o **triângulo de Penrose** da década de 1950, descrevendo isto como a "impossibilidade na sua forma mais pura" e trocou informações com o artista **M. C. Escher**, o qual retratou as primeiras descrições destes objetos impossíveis inspirados nele. Em 1965 em Cambridge, provou que uma **singularidade** (tais como um **buraco negro**) poderiam ser formadas a partir do colapso gravitacional de imensas **estrelas** moribundas. Em 1967, inventou a **Teoria twistor** a qual mapeia objetos

MATERIAL EXTRA – POLÊMICA NA CIÊNCIA

A habilidade 2, citada anteriormente, está sendo objeto de muita polêmica. Em geral, a ciência tradicional tem dificuldade de lidar com o desconhecido. Parece um absurdo, mas acontece. Nesse passo, vamos citar um pouco mais desse assunto.

Gabriel Manzano Filho, articulista da Revista Galileu, abordou o tema na revista[7], com o artigo "Estranhas memórias do coração – Transplantados que mudam de hábitos são um desafio às explicações da ciência". Ele diz:

> Era uma vez um cinquentão calmo, de vida feita, que adorava música erudita até que um dia, após ter feito um transplante cardíaco, passou a agir como jovem e a ouvir heavy metal em alto volume. O doador de seu coração era um rapaz de 20 anos, morto em um acidente de moto. Depois, soube-se do caso de uma senhora muito recatada que também sofreu um transplante no qual herdou o coração de outra mulher – esta, de temperamento bem diferente, grande apreciadora de sexo. Para surpresa do marido, seu comportamento conjugal mudou radicalmente dali por diante. Mais espantosa, ainda, foi a história da menina de dez anos que recebeu o coração de outra de oito, poucas horas depois de esta ter sido assassinada. Tempos depois, ao fim de uma sucessão de pesadelos, ela "reviveu" a cena fatal de sua doadora – o rosto do assassino, uma arma, um lugar. A polícia foi informada e capturou o criminoso, que confessou tudo.
>
> Foram histórias assim que animaram o médico americano Paul Pearsall, ele próprio salvo de um câncer nos ossos por um transplante de medula, a investigar se haveria algum tipo de energia, ou memória, que passasse de uma pessoa para outra através do coração. Por dez anos ele ouviu casos e juntou

---

geométricos do **espaço de Minkowski** em um espaço complexo tetra-dimensional com assinatura métrica (2,2). Reconhecido por seus trabalhos em física matemática, em particular por suas contribuições para a **relatividade geral** e a **cosmologia**, tem contribuições em **matemática recreacional** e na **filosofia**. Recebeu a **Medalha Copley** de 2008, "por suas ideias belas e originais em diversas áreas da matemática e da física matemática. Sir Roger fez grandes contribuições à **relatividade geral** e **cosmologia**, principalmente por seu trabalho sobre **buracos negros** e o **Big Bang**". Tem diversos livros publicados, alguns deles traduzidos para o protguês: *A Mente Nova do Rei – computadores, mentes e as leis da física*. Rio de Janeiro: Campus, 1993; *O Grande, o Pequeno e a Mente Humana*; **UNESP**; **1998**; *A Mente Virtual*; **Gradiva**; **1997**. Tem um livro em coautoria com com **Stephen Hawking**: *A Natureza do Espaço e do Tempo*; **Papirus 1997**.

7 Galileu, edição nº 102.

> depoimentos. Ao final, selecionou cerca de 150 episódios de gente que dizia ter experimentado alterações relacionadas, de algum modo, à pessoa do doador. Destes, 73 eram realmente intrigantes – todos de cardíacos de grande percepção, que ele denominou 'cardiossensíveis', com histórias parecidas com as três acima citadas. (...)
>
> Desafiando os cânones da ciência estabelecida, lançou um livro sugerindo que as células têm memória, que o coração pode pensar e tomar decisões independentemente do cérebro e que uma energia sutil, por ele denominada 'energia V', flui por todo o corpo e nos liga a tudo no universo. 'O coração tem codificado um sutil conhecimento ligando-nos a tudo (...) É um órgão sensitivo, pensante, comunicador.' Classificou essa energia, sem muita modéstia, como a 'quinta força' do universo, ao lado das quatro grandes forças da física – gravidade, eletromagnetismo, a força fraca e a força forte. (...)"

Uma das pessoas entrevistadas por Pearsall foi Claire Sylvia, cujo caso já citamos. Vale anotar que assim que despertou da cirurgia Sylvia sentiu vontade de beber uma cerveja, o que nunca tinha feito na vida. Depois, descobriu que o doador apreciava este tipo de bebida.

Manzano alerta que o assunto é polêmico: "Em nome da ciência, por exemplo, o cardiologista John Schroeder, do Centro Médico da Universidade de Stanford, nos EUA, sentencia: 'A ideia de que o transplante de órgãos transfere um código das experiências de vida é inimaginável'" e completa com algumas citações interessantes:

> "Ao adquirir um novo coração, adquiri também um novo ritmo, novos impulsos, um novo conhecimento e novas questões."
> **Claire Sylvia, professora de dança, que trocou de coração em 1990.**
>
> "Apesar de não poder explicar as coisas surpreendentes que aconteceram a Claire Sylvia, não hesito em acreditar nelas. É por isso que aprecio falar com astrônomos e físicos quânticos, que lidam continuamente com eventos misteriosos e inexplicáveis."
> **Bernie Siegel, médico americano**

"A memória resulta de um processo eletroquímico que ocorre entre as 100 bilhões de células nervosas do cérebro. Conhecendo-se o mecanismo de arquivamento do sistema nervoso, se verá que não há espaço para se fazer transferência de memória através de transferência de coração, fígado, rim ou o que seja."
Dr. Gilberto Xavier, Instituto de Fisiologia, USP

"Os doutores não sabem tudo. Há 50 anos, as pessoas riam da ideia de um código genético na saliva. Quem imaginaria que isso iria se tornar essencial numa investigação criminal?"
Edna Buchanan, escritora americana

"Memória celular é a noção especulativa de que as células do corpo humano trazem em si a chave de nossa personalidade, nossos gostos e histórias, independente das células do cérebro ou do código genético. Uma insensatez."
Robert Todd Carroll, no Dicionário dos Céticos.

"A história de Sylvia é um exemplo fascinante de como a memória celular pode sobreviver à morte física."
Deepak Chopra, escritor

"Um currículo sério e respeitável, nos meios médicos, não impede ninguém de dizer uma coisa estapafúrdia. Newton, com toda a sua sabedoria, era membro de uma organização mística. Temos a obrigação de não entrar em uma solução fácil."
Prof. César Ades, Instituto de Psicologia, USP

"A célula tem, de fato, o que poderíamos chamar de memória impressa, com os dados do código genético que definem a cor dos olhos, ou o temperamento. Não é, de modo algum, uma memória dinâmica, adquirida em nossas experiências de vida."
Dra. Belkiss Romano, Incor, SP

O que você acha de tudo isso, é assunto seu. Mas não utilizar seu cérebro, seu coração e todo seu corpo para conseguir sua felicidade e sucesso, isso seria um enorme desperdício.

SUPERPERCEPÇÃO

> Nós não conhecemos as coisas como elas são na realidade. Isto porque nossos sentidos constroem nosso mundo para nós e, assim, não apresentam, para a mente, realidades externas independentes, mas apenas percepções.
>
> Immanuel Kant (1781)

Após ser apresentado a tantas habilidades que seu cérebro possui, solicitamos a desenvolver uma das mais importantes, que é a percepção. Isso tem a ver com acuidade e com estar atento e presente às suas atividades. Para descrever maior capacidade de perceber o que está acontecendo, seja no estudo, seja ao redor, cunhamos o termo que dá título a este item. "Super" é aquilo que ultrapassa a normalidade, e percepção é a capacidade de captar uma situação utilizando-se dos sentidos ou da inteligência. Quando falamos em "superpercepção", estamos nos referindo à capacidade, que pode ser desenvolvida, de perceber, de forma mais ampla ou profunda, alguma situação. Não confundir esse termo com "superpercepção extrassensorial", que é termo diverso do que estamos estudando aqui.

A nosso ver, quem utiliza sua percepção em nível acima da média pode ser considerado alguém com uma percepção superior, ou superpercepção, mas isso ainda dentro das atividades sensoriais tradicionais (cinco sentidos e a interpretação que se alcança a partir das informações obtidas por estes).

Um bom exemplo da diferença que faz ir além da percepção mediana está em um interessante acontecimento: um homem sentou-se em uma estação de metrô de uma grande cidade dos EUA e começou a tocar violino, em uma fria manhã de janeiro. Ele tocou peças de Bach por, aproximadamente, 45 minutos. Durante esse tempo, considerando que era horário de pico, calcula-se que mais de 1.000 pessoas passaram pela estação, a maioria a caminho do trabalho.

Várias pessoas paravam por um pouco para ouvir, mas, premidas pelos compromissos, iam adiante. O homem logrou receber algumas gorjetas. Durante o tempo todo em que esteve ali, apenas seis pessoas pararam e ficaram por um tempo razoável. Aproximadamente, 20 pessoas deram dinheiro. Ele recebeu US$ 32. Quando ele acabou de tocar, ninguém percebeu. Ninguém aplaudiu, tampouco houve algum reconhecimento.

O violinista era Joshua Bell, um dos mais talentosos do mundo. Ele tocou umas das peças mais difíceis já compostas, em um violino que vale US$ 3,5 milhões. Dois dias antes de tocar no metrô, Joshua Bell esgotou os ingressos em um teatro de Boston, onde cada poltrona custava, aproximadamente, US$ 100.

Joshua Bell tocou incógnito na estação de metrô, evento organizado pelo *Washington Post* como parte de um experimento social sobre percepção, gosto e prioridade das pessoas. O título da matéria foi: "No ambiente comum em uma hora inapropriada: nós percebemos a beleza? Nós paramos para apreciá-la? Nós reconhecemos talento em um contexto inesperado?"

Uma das possíveis conclusões desse experimento poderia ser: *Quantas outras coisas mais não estamos perdendo?*

Essa história pode ser encontrada, facilmente, na internet, em texto e em vídeo, no Youtube, de onde retiramos algumas das proposições acima. O importante aqui é perceber (veja o termo!) que a maior parte das pessoas ou, na maior parte das vezes, o valor de algo não é corretamente percebido. Um dia é um violinista famoso, noutro nossa mãe, pai, cônjuge, filho, saúde, teto e, o mais grave de tudo, nosso próprio valor e capacidade.

A falta de uma moldura adequada pode esconder verdadeiros talentos ou, de outra sorte, a moldura brilhante pode apresentar um quadro sem tanto brilho, mas que como tal é percebido. Quantas vezes o filho de alguém famoso, embora não talentoso como o pai, obtém muito mais espaço do que um anônimo muito melhor do que ele? Bem, nossa intenção não é resolver esses problemas aqui, mas tão somente propor que sua percepção seja afinada e desenvolvida. Tanto do seu valor pessoal quanto do valor de terceiros ou das situações pelas quais passamos. Como disseram os Beatles, "a vida é o que acontece enquanto prestamos atenção em outras coisas".

É a partir de falta de percepção que se criam situações como a descrita no poema "Instantes", ou "Se eu pudesse viver novamente", imputado a Jorge Luis Borges, mas de autoria de Nadine Stair. Caso se interesse em ler o texto, ele está disponível em meu site: www.williamdouglas.com.br.

Você vê, mas você não observa.
Sir Arthur Connan Doyle

Capítulo 9

Programas e armadilhas mentais

Tenha cuidado com o que você pensa, pois a sua vida é dirigida por seus pensamentos.[1]

INTRODUÇÃO

Este capítulo servirá para abordar alguns fenômenos muito comuns e que influenciam diretamente o desempenho dos candidatos. São os programas e as armadilhas mentais.

O cérebro, como extraordinário computador que é, "roda" com programações das mais diversas, que vão sendo construídas durante toda a nossa vida, em geral, de modo inconsciente.

Ao mesmo tempo, alguns desses programas podem se transformar em problemas, em verdadeiras armadilhas. Na verdade, o tempo todo o cérebro está procurando servir ao seu "dono" e encaminhá-lo para a obtenção da felicidade.

Um dos pressupostos da PNL é que "todo comportamento tem uma intenção positiva". A criação dos programas mentais tem, é certo, uma intenção positiva.

---

1 Mensagem de Provérbios 4.23, 24 (NTLH), cujo texto integral diz: "Tenha cuidado com o que você pensa, pois a sua vida é dirigida por seus pensamentos. Nunca fale mentiras, nem diga palavras perversas. Olhe firme para frente, com toda a confiança; não abaixe a cabeça, envergonhado. Pense bem no que você vai fazer, e todos os seus planos darão certo. Evite o mal e caminhe sempre em frente, não se desvie nem um só passo do caminho certo".

A criação dos programas mentais pode ocorrer de forma **consciente ou inconsciente**. E pode ser feita **sozinho ou através de alguém**, que, também conscientemente ou não, está passando instruções para o cérebro funcionar. No meu processo de evolução pessoal, sempre me dediquei a entender os programas que eu tinha e substituí-los. Sejam os programas mentais, seja nos métodos de estudo, evoluí por meio de muita observação e do processo de tentativa e erro, e nova tentativa corrigindo alguma coisa.

Na infância, somos uma "esponja" mental e aprendemos tudo. Com o tempo, a partir do momento em que o cérebro acha que já sabe o suficiente, começa a diminuir a capacidade de aprendizado. Isto é mais um programa: quando você não sabe, seu cérebro quer aprender; quando você acha que sabe, o cérebro não abre mais suas comportas. E, novamente, cito Sir James Dewar, "o cérebro é como um paraquedas, só funciona quando está aberto". Ou melhor, só funciona bem quando está aberto. O mundo vive em constante mudança, o que deu certo ontem não é garantia de sucesso hoje, por isso nunca podemos parar de aprender. O conhecimento é um bem que se deprecia se não for objeto de manutenção periódica.

Um bom exemplo de alguém, inconscientemente, programando outro cérebro é o da mãe que, vendo o filho chorar, lhe dá um doce. A intenção da mãe é positiva: acalmar a criança. A intenção da criança ao chorar, idem, mesmo que não saibamos o que ela está querendo. O resultado, contudo, é que ao solucionar o problema com o mimo, o doce, a mãe programa o cérebro da criança com a mensagem de que doce, comida, ou o que for que seja entregue, é a solução para a tristeza ou insatisfação. Anos depois, a obesidade pode ser o resultado final desse processo de programação mental.

Os programas mentais, assim como os do seu computador, os aplicativos de celular, ou mesmo como um tijolo, não são bons ou maus em si mesmos. Eles apenas cumprem a missão que lhes foi designada. Um tijolo pode ser uma arma para lesionar ou matar, ou parte de uma catedral, ou de uma casa. Nós é que lhe damos o uso positivo ou negativo. O cérebro está ao nosso dispor. Se o programarmos bem, teremos resultados excelentes com ele.

Este capítulo, por exemplo, como o livro todo de um modo geral, é um esforço consciente dos autores para programar ou reprogramar seu cérebro. E você, receptor da mensagem, também está em grau de consciência, buscando melhorar seu desempenho. É preciso, portanto, analisar quais são os programas mentais positivos, e mantê-los funcionando, quiçá melhorá-los, e precisamos reconhecer os programas negativos e eliminá-los, ajustá-los, atualizá-los ou reorganizá-los.

Estejamos diante de como uma pessoa lida com a alimentação ou com seu dinheiro, ou a forma que lida com questões como racismo ou machismo, é preciso compreender que temos vários programas mentais "rodando" em nosso cérebro, cotidianamente, e precisamos reconhecer, validar e vigiar cada um deles. Em algum momento a pessoa precisa mudar suas programações, atualizá-las. Se não faz isso, o que era um programa se torna uma "armadilha mental".

O cérebro, o eterno serviçal da sua felicidade. Contudo, ele precisa da ajuda de sua atividade consciente para que o objetivo seja alcançado.

Existem vários momentos em que você deve verificar os programas que estão "habilitados" em sua mente:

a) Autoindulgência, autoconfiança e autoestima

b) Inveja

c) Preconceito e discriminação

d) Concentração no estudo

e) Estudo × lazer, estudo de uma matéria × estudo de outra

f) Alimentação

g) Medo de fazer provas

h) Hora de dormir

i) Fugas mentais

j) Remarcar o cartão-resposta nas provas e deixar de ler questões

Iremos abordá-los item a item.

AUTOINDULGÊNCIA, AUTOCONFIANÇA E AUTOESTIMA

As pessoas que se consideram vítimas do mundo, da família, disso ou daquilo, tendem a se tratar com excesso de indulgência. Com isso, acabam não se esforçando ao que devem e não chegam a lugar algum. Isso não ocorre porque elas são fracas, pobres ou azaradas como creem, mas porque não se esforçam o suficiente. Tornam-se vítimas da armadilha mental da vitimização.

Nesse passo, as pessoas com baixa autoestima ou baixa autoconfiança também costumam perder mais tempo sofrendo e reclamando, murmurando e procurando explicações e culpados, do que mudando sua história de vida.

A recomendação é que a pessoa passe a declarar que ela é tudo aquilo que ela tem para seguir em frente e que irá trabalhar com o que tem.

As pessoas perdem muito tempo pensando ou sofrendo com o que não têm, ou o que nunca conseguiram ter, e, por isso, perdem a chance de aproveitar o que possuem e de conquistar novas realizações.

INVEJA

Quando alguém tem inveja, por exemplo, problema abordado no Capítulo 10, na verdade, ela está agindo com intenção positiva. Quando agride alguém, idem. O invejoso gostaria de ter algo que outra pessoa tem. É a velha busca humana por prazer, satisfação e felicidade. Não sabe, por falta de orientação, que a inveja não é produtiva e só o afasta de obter as coisas que deseja. Seja como for, estamos abordando os "programas mentais". De algum modo, o invejoso foi programado para crer que para que ele tenha algo, o outro precisa perder.

Como isso aconteceu? Não sabemos, pode ter sido por vários motivos ou meios, mas, para dar um exemplo, vamos imaginar uma criança tendo de ceder seu brinquedo para o irmão, ou tendo de arrumar um jeito de tomar o brinquedo do irmão para que possa brincar. Seja pela força, esperteza ou manha, com ou sem intervenção dos pais, o fato é que, naquele momento, o brinquedo era um bem escasso, ao menos escasso o suficiente (um brinquedo para dois). Esse "programa", após instalado, continua a rodar. Mesmo que anos depois, ou mesmo que os tipos de brinquedos tenham mudado, a pessoa continua achando que precisa tomar aquele que é do outro. Isso vale para carros, cargos e até para o amor.

PRECONCEITO E DISCRIMINAÇÃO

A pessoa que tem preconceito ou adota posturas discriminatórias pode estar "rodando" um programa de autoproteção, acreditando que o "diferente" é perigoso e ameaçador. Existe muita discussão sobre a homossexualidade. Alguns dizem que é pecado, errada etc., outros já dizem que é normal e um direito de escolha. Há milhares de discussões sobre o tema, mas o que não se pode aceitar é a homofobia. E, menos ainda, a sua vertente agressiva, na qual homossexuais são vítimas de violência física. Um dos motivos para tal agressividade pode ser o fato de o agressor, internamente, lidar com seu próprio desejo homossexual e, por isso, agride quem se assumiu. A intenção, positiva no fundo, mas lamentável e pavorosa na prática, é resolver problemas internos.

Outro caso é o xenófobo, que pode ter a intenção positiva de proteger seu emprego e salários da ameaça representada pelos imigrantes e por aí vai. Seja como for, temos de lutar contra os programas mentais do preconceito. Na sociedade de hoje – e no tempo que estamos vivendo – não há mais espaço para preconceitos, temos de lutar para, a cada dia, construir uma sociedade melhor e isso pode começar de dentro para fora da gente.

CONCENTRAÇÃO NO ESTUDO

Quando você senta para estudar, mas no fundo não quer fazê-lo, seu cérebro emite ordens que possam justificar você a sair daquela situação "horrorosa". No fundo, seu cérebro está tentando te ajudar. Como você emocionalmente não quer estudar, seu cérebro interpreta que precisa ajudar você a sair daquela situação. É como se alguém, um sequestrador, por exemplo, estivesse forçando você a estudar e o seu "neurônio-gerente" procurasse uma saída. Ele vai a todo custo tentar descobrir uma maneira de sair daquela situação. Afinal de contas, por que você sentaria para estudar se não gosta de fazer isso? Se gosta mais de lazer, jogos, baladas e viagens?

O fato é que de cinco em cinco minutos surgem "desculpas" para sair da cadeira: fome, sede, vontade de ir ao banheiro, aquela ligação telefônica que você tem de fazer e por aí vai.

A solução aqui é desenvolver sua inteligência intrapessoal e fazer o quadro horário. Cada vez que sentir vontade de sair do estudo, diga para si mesmo que está ali porque quer e que só irá parar na hora do intervalo. Recomendo 50 a 60 minutos de estudo e 10 minutos de intervalo (item memória, capítulo 7). Tudo o que tiver de ser feito será nos dez minutos de intervalo. Caso queira, para aprofundar essa questão de administração do tempo, que já é outro assunto, recomendo a leitura de meu livro *Administração do Tempo*, em coautoria com Alberto Dell'Isola. De qualquer forma, no meu site www.williamdouglas.com.br existem algumas orientações sobre o assunto, de acesso inteiramente gratuito.

ESTUDO × LAZER, ESTUDO DE UMA MATÉRIA × ESTUDO DE OUTRA

Seu cérebro sabe – porque você o informa disso todo o tempo – que você precisa estudar, mas também sabe que você precisa de descanso e recuperação das energias. Às vezes, você conscientemente não sabe disso, ou não se comporta de acordo com esse entendimento, mas seu cérebro sabe. Então, quando você está estudando ele lembra a você da necessidade do lazer, e quando você está no lazer ele lhe manda mensagens de culpa por que não está estudando. No final da história, você nem estuda com concentração, nem relaxa na hora do lazer. E seu desempenho cai drasticamente. Ao lidar com essa perda, a tendência é que, como em um ciclo vicioso, fique cada vez mais frustrado, estressado e ansioso.

O mesmo problema acontece quando você está estudando a "matéria A" e seu cérebro, interessado em você aprender toda a matéria, fica lembrando a você da "matéria B". Resultado: menos concentração e aprendizado de "A". E, se você for estudar "B", o problema não se resolve, pois o cérebro pedirá "C", "D", "E" ou até mesmo "A", que você deixou, de novo.

A solução para isso é simples: organizar seus horários e "informar" a si mesmo, a cada vez em que estiver perdendo a concentração, que aquela hora é a hora do lazer, ou do estudo, ou de uma determinada matéria, ou de outra, e assim você irá aos poucos aprendendo a se comandar.

Fazer isto é desenvolver um tipo essencial de inteligência, a inteligência intrapessoal, que é a capacidade de lidar consigo mesmo e explorar todo seu potencial, lidar com frustrações e realizar a autossuperação.

ALIMENTAÇÃO

Quando você está triste, você se dá comida, moleza, autoindulgência, presentes caros ou coisas parecidas, não? Qual a forma que você usa para lidar com a tristeza ou a frustração?

Há quem se encha de chocolates, quem agrida os outros etc. E você?

Descubra quais são os mecanismos em atuação dentro de você.

O doutor Eduardo Almeida foi quem me alertou para o programa mental de cobrir com pudim, chocolate e sorvete qualquer frustração. O resultado era simples: mais peso e, assim, além dos problemas anteriores, um novo: quilos a mais, piorando ainda mais minha situação geral. Ele me alertou para, ao sentir o desejo de compensar frustração com açúcar, falar comigo mesmo que "é exatamente agora, quando estou com problemas, que mais preciso de uma alimentação saudável e equilibrada". Não digo que é uma lição simples, mas é preciso mudar a programação da compensação alimentar para manter o corpo e a mente saudáveis (capítulo 8).

MEDO DE FAZER PROVAS

Fazer provas diz respeito a sua sobrevivência, é algo ameaçador. Logo, existe o risco de o cérebro, na medida em que a prova se aproxima, enviar mensagens de perigo, preocupação e até fuga. É como se a prova fosse um terrível predador. O resultado é tensão, congelamento, fuga ou, até mesmo, agressividade. E, consequentemente, perda de rendimento.

A solução é começar a informar seu cérebro, através de um esforço de conscientização, que fazer provas é algo bom e positivo, a porta para o que você quer.

Já antes, na hora do estudo, você deve se motivar informando a si mesmo, em um processo de autoconhecimento e autoadestramento, que está ali porque quer, porque é bom e porque isso irá trazer ótimas melhorias para sua vida e a das pessoas que estão ao seu redor.

À medida que você for entendendo, e assimilando isso na sua "corrente sanguínea", que fazer provas não é ruim, mas positivo, a tendência é que passe a ter menos fenômenos desagradáveis durante as vésperas e a realização de provas. Até chegar no ponto em que sentirá prazer nessas horas (e isso não só é possível como recomendável), precisará se vigiar e reprogramar constantemente. A cada vez isso se tornará mais fácil por estar sendo incorporado às suas rotinas mentais e físicas, ou seja, você estará substituindo programas ruins por bons.

HORA DE DORMIR

A hora de dormir deve ser um momento de relaxamento, para que seu organismo recupere as energias. É durante o sono profundo que as informações do dia (a matéria que você estudou, inclusive) são armazenadas e memorizadas em definitivo, é nessa hora que seus músculos se recuperam. Por isso, é preciso relaxar. O cérebro, originariamente desorganizado, porém, não ciente disso, acaba aproveitando o momento de tranquilidade para mandar para você a "lista" de todos os problemas a serem solucionados. O resultado disso é tensão, maior demora para dormir e sono menos tranquilo. Em suma, o resultado é péssimo.

A tensão pode se manifestar na rejeição ao sono, insônia ou hiperatividade. Você está cansadíssimo e mesmo assim não desliga, nem que seja para ficar passando os canais com o controle remoto da TV sem assistir a programa algum.

Nessa hora, você precisa reconhecer os programas que estão rodando e simplesmente substituí-los por outros. Muitas vezes o programa do sono está relacionado à falta de uma alimentação balanceada, falta de exercícios físicos e elementos ou situações estressores.

Às vezes, contudo, o excesso de sono não é "excesso". Seres humanos precisam dormir, não adianta tentar escapar da natureza humana. Podemos melhorar nosso sono, dosá-lo etc., mas nunca suprimi-lo totalmente.

FUGAS MENTAIS

O sono é apenas uma das modalidades de fuga mental. Não é o caso do sono necessário para a recuperação das energias, mas o do exagerado. Todo exagero é perigoso. Isso ocorre porque quando alguém está muito pressionado, há uma tendência a se criar algum sistema de fuga. Não é propriamente uma armadilha, mas funciona como uma. A pessoa está angustiada, tensa e, em vez de fazer o que tem que ser feito (porque isto parece difícil demais, ou uma barreira inexpugnável) a pessoa parte para fazer outras coisas. Em geral, são coisas simples, que não angustiam, ou que oferecem algum tipo de prazer. Entra nessa lista o jogo de "paciência" no computador, a "colheita feliz", "candy crush", permanência em redes sociais, jogos de cartas, compras, bate-papo na internet, pornografia, álcool etc.

Tais condutas só consomem tempo e afastam as pessoas de começar a enfrentar os problemas reais. São verdadeiros parasitas que atrapalham o rendimento. Não estou falando em deixar de fazer estas coisas (exceto as que causam prejuízo à sua constituição, como é o caso dos vícios) durante o horário de lazer, mas em seu horário de concentração. Se você gosta de "candy crush", jogue, mas não passe a viver em função dela.

A solução é limitar o tempo que dedicará a estas "atividades-fuga", ao mínimo. Se puder, substitua estas por atividades mais produtivas do ponto de vista emocional e social, como sair para caminhar na companhia de alguém que você aprecie.

Divida as suas tarefas em partes e enfrente-as uma de cada vez. Pense que quanto maior a tarefa, quanto mais cedo você começar, melhor. E por maior e mais difícil que seja, se for fazendo uma coisa por vez, as coisas irão progredir. A única atitude que fará com que o trabalho não progrida é não iniciá-lo.

Quando estou muito tenso, ou com muitas coisas para fazer, tendo a "sair do ar" e fazer coisas inúteis, ou querer dormir. Isso não funciona. É um programa ruim! O programa bom é começar a fazer alguma coisa, abrir mão de outras, aprender a dizer "não" para as pessoas e por aí vai. E nada melhor do que aprender a administrar o tempo.

Entre os programas de fuga temos o famoso "antes vou passar o caderno a limpo" ou "começo na segunda". Comece agora!

REMARCAR O CARTÃO-RESPOSTA NAS PROVAS E DEIXAR DE LER QUESTÕES

Um dos fenômenos mais comuns é este, e é um dos melhores exemplos das armadilhas mentais. A pessoa fica entre duas alternativas na prova, inicialmente marca a correta e na hora de entregar a prova ou rever o cartão-resposta, altera a sua escolha. Em geral, para a errada.

Repare que quando alguém não tem certeza, talvez seja o caso de estudar mais para a próxima prova. Mas nada impede que ela já tente acertar.

A meu ver, este fenômeno ocorre porque a pessoa ainda tem o registro mental de quando sabia menos. Assim, ao escolher, quase intuitivamente, entre as duas alternativas que parecem mais certas, o cérebro acerta. Mas como a pessoa desconfia de si mesma, por ter na mente o registro de tempos em que não sabia nada ou quase nada, o gesto consciente será mudar a resposta.

À medida que a pessoa estudar mais, esse problema irá desaparecer. Não o ter dúvidas vez ou outra, mas sim o de tender a mudar a resposta dada para uma incorreta. O problema irá ser superado por que a pessoa está estudando e melhorando e porque irá adquirir cada vez mais autoconfiança.

Até chegar no ponto de conhecimento e autoconfiança, as recomendações são:

1. Continuar estudando e melhorando o nível de conhecimentos;
2. Não ficar alterando as respostas no final. Se não tiver certeza e já escolheu uma das alternativas, deixe essa mesma marcada. Confie mais em você. Na pior das hipóteses, você terá menos risco de se frustrar. Se não há a certeza da resposta certa, as chances entre duas serão as mesmas: 50%. Se for para errar, que seja sem a frustração de ter alterado a escolha no final.

Outro grande problema que o candidato enfrenta na hora da prova é errar porque está programado para responder correndo a pergunta que já sabe. Não sei se isto vem daqueles programas de TV onde quem sabe a resposta tem de bater um sino para ser o primeiro a responder. No caso das provas e concursos, e da vida de um modo geral, respostas rápidas, em geral, são respostas erradas. Fazer a leitura da prova com calma é a melhor maneira de identificar as pegadinhas e "cascas de banana" que a banca propõe, justamente, para eliminar os candidatos desatentos.

CONCLUSÃO

Não é só comer para compensar tristeza ou frustração, ou achar que provas são coisas ruins, que estão programadas em sua mente. Pensar em problemas na hora de dormir não é nada senão um dos vários exemplos desse fenômeno.

Minha mãe, por exemplo, ao me ver, na adolescência, namorando com uma menina muito bonita, me disse que "quem namora mulher bonita compra revista para os outros lerem". Isso é um exemplo de programa que rodava na mente de minha mãe, colocado não sei por quem. Juca Chaves, com quem tive o prazer de compartilhar um café da manhã em um hotel, pensa de forma diferente. Ele estava lá por causa de um *show*, e eu, de uma palestra. Conversamos por algumas poucas e deliciosas horas. Que gênio. Ele diz que "é melhor dividir caviar com os amigos do que comer m#%$@ sozinho". Um programa mental definitivamente diferente do da minha mãe!

Ainda dentro dos programas mentais, nossa cultura nos informa que estudo e trabalho são ruins, verdadeiros castigos, e que pobreza é algo nobre. Tolices. Há gente nobre, e ruim, em todas as classes sociais, e estudo e trabalho são privilégios e oportunidades. Se você pensa como a maioria dos brasileiros, dirá que ricos são pessoas más e que se afastam da família, e terá algum ressentimento – como é tão comum no governo e em alguns partidos! – de quem é rico. Prefiro pensar como Abraham Lincoln, que diz que não se acabará com a pobreza eliminando-se os ricos.

Bem, quais são os programas mentais que você está deixando sua mente rodar?

O primeiro passo para vencê-los é estar presente no que está fazendo, e ficar atento ao que seus programas determinam. Aos poucos, você conseguirá escolher os programas. Através de uma boa administração do tempo e do controle da própria vontade e consciência, você irá evoluir muito.

Capítulo 10

Inteligência e criatividade

A INTELIGÊNCIA

> Assim devemos ser todo dia, mutantes, porém, leais com o que pensamos e sonhamos; lembre-se, tudo se desmancha no ar, menos os pensamentos.
>
> Paulo Baleki

A ideia é, assim como no capítulo anterior, começar com um rápida explanação dos conceitos básicos. Neste passo, para falar da inteligência, podemos nos valer da definição do Dicionário Aurélio:

> 1. Faculdade de aprender, apreender ou compreender; percepção, apreensão, intelecto, intelectualidade. 2. Qualidade ou capacidade de compreender e adaptar-se facilmente; capacidade, penetração, agudeza, perspicácia. 3. Maneira de entender ou interpretar; interpretação: *a boa **inteligência** de um texto; É vária a **inteligência** daquele artigo do Código Civil;* "Fala-me só com o revolver dos olhos. / Tenho-me afeito à ***inteligência*** deles." (Junqueira Freire, *Contradições poéticas,* p. 192). 4. Acordo, harmonia, entendimento recíproco: *Vivem em boa **inteligência**. (...)* 6. Destreza mental; habilidade: *Resolveu o problema com a sua **inteligência** habitual.* 7. Psicol. Capacidade de resolver situações problemáticas novas mediante reestruturação dos dados perceptivos. (...)".

Alguns conceitos sobre inteligência são básicos e bem conhecidos por todos. Você sabe quais são? Farei uma pequena revisão de conceitos amplamente difundidos sobre inteligência para, por meio das minhas observações, ajudá-lo a compreender um pouco mais da sua inteligência.

Primeira questão: você é inteligente?

Quando começo a falar sobre esse assunto, sempre ocorre certo constrangimento. Se perguntarmos se as pessoas estão satisfeitas com a própria inteligência, a resposta é sempre negativa. Podemos ir mais longe. Em pesquisas junto aos alunos, verifiquei que 70% deles não se consideram inteligentes o suficiente ou até "um pouquinho burros". Mais de 25% se consideram "apenas normais", ou seja, sem uma inteligência especial. Com essa opinião geral é difícil que alguém considere a própria inteligência como sua aliada.

O que é ser inteligente?

Durante muito tempo essa pergunta era respondida através do teste do Quociente de Inteligência (QI), método hoje já ultrapassado, embora ainda conste de alguns testes psicotécnicos. Em nossa opinião, embora insuficiente para aferir todo o campo da inteligência, o QI mede algumas de suas formas, mantendo sua utilidade. O que não pode ocorrer é esgotar o assunto apenas com a medição do chamado QI. Devemos, primeiro, saber que há sete (ou oito) formas diferentes de inteligência, como já ensinado por Howard Gardner (1983). Vejamos quais são elas:

1ª) **Inteligência lógica**, que é a capacidade de raciocínio, onde encontraremos o raciocínio matemático (cálculo, aritmética etc.) e argumentativo (oradores, advogados, juízes etc.). Muitos cientistas a possuem.

2ª) **Inteligência linguística**, que é a capacidade de ler, escrever e usar a linguagem.

3ª) **Inteligência espacial**, que é a capacidade de lidar com espaços abertos e de raciocinar com essa visão. Arquitetos, navegadores e pilotos são exemplos de pessoas com esse esplendor.

4ª) **Inteligência musical**, que é a capacidade de lidar com sons, de aprender música, de tocar instrumentos e de compor.

5ª) **Inteligência corporal**, que é a capacidade de lidar e controlar o próprio corpo, como fazem os atletas e bailarinos.

6ª) **Inteligência interpessoal**, que é a capacidade de se relacionar com as pessoas, como fazem os vendedores, negociadores, relações públicas, assessores de imprensa.

7ª) **Inteligência intrapessoal ou introspectiva,** que é a capacidade de conviver bem consigo e de explorar ao máximo suas próprias qualidades. Aqui encontraremos profissionais de todas as áreas, mas que conseguem aproveitar ao máximo seu próprio potencial.

Muitos ainda falam sobre uma **inteligência artística**. Contudo, cada inteligência tem uma vertente artística: a inteligência linguística pode produzir poetas; a musical, compositores e intérpretes; a espacial/ visual, pintores e escultores; a inteligência física/sinestésica, bailarinos e dançarinos; e assim por diante. Recentemente, muito se tem falado na **inteligência emocional**, teoria desenvolvida pelo brasileiro Luiz Machado e depois pelo norte-americano Daniel Goleman. Mas não há nada de novo em se dizer que para ser feliz é preciso mais do que inteligência. É preciso emoção. Ao contrário do que muitos filósofos pregaram, o homem não é um ser dual, tendo dentro de si, separadamente, o lado racional e o lado emocional. O homem é um ser integral, com as duas características: razão e emoção. E, nessa mesma linha, o homem não é apenas "cérebro e mente", mas também possui um corpo!

Em concursos públicos, as inteligências linguística e lógica são mais importantes, pelo que devemos desenvolvê-las. Não obstante, um inteligente musical poderá aprender mais se aproveitar essa sua capacidade, ouvindo a matéria e "cantando-a". Um inteligente visual poderá aprender mais através de esquemas, fluxogramas e gráficos. Um inteligente intrapessoal auferirá benefícios de suas qualidades. Um inteligente interpessoal será, após o esforço de aprendizado, provavelmente um bom profissional e um bom líder.

Você já deve ter identificado quais são suas inteligências predominantes. Provavelmente escolheu alguma área relacionada com suas aptidões naturais. Se elas não combinam, ou você deve rever seus objetivos ou então se conscientizar de que precisará de um pouco mais de esforço para desenvolver a inteligência específica necessária para alcançar sucesso na área escolhida. Tenho um amigo com uma incrível capacidade matemática, mas que tinha o sonho de ser juiz. Ele sabia que teria mais trabalho na área do Direito, todavia, conscientemente, optou por pagar o preço de seu sonho. Outro que seguiu uma carreira para a qual não tinha muito gosto, mas que era melhor remunerada e, depois de fazer uma base financeira, passou a utilizar seu tempo livre para dedicar-se àquilo que realmente gostava. Essas decisões devem ser tomadas com bom senso e muita reflexão.

Em conclusão, aprenda a usar sua inteligência combinando as habilidades inatas (de nascença) com o desenvolvimento de outras manifestações da inteligência.

O que é ser inteligente, segundo Isaac Asimov

Isaac Asimov (1920-1992) foi um escritor e bioquímico americano, nascido na Rússia, autor de obras de ficção científica. O artigo abaixo é imputado a ele. Vale anotar que foi Asimov quem criou as famosas "Três Leis da Robótica", que constam em seu livro de ficção *I, Robot* (traduzido como *Eu, Robô*), que já foi transformado em filme (lançado em 2004, pela 20th Century Fox, estrelado por Will Smith). As leis se propõem a definir o comportamento dos robôs. São elas:

1ª lei: um robô não pode ferir um ser humano ou, por omissão, permitir que um ser humano sofra algum mal.

2ª lei: um robô deve obedecer as ordens que lhe sejam dadas por seres humanos, exceto nos casos em que tais ordens entrem em conflito com a primeira lei.

3ª lei: um robô deve proteger sua própria existência desde que tal proteção não entre em conflito com a primeira lei e/ou a segunda lei.

Segundo Isaac Asimov, o objetivo das três leis era tornar possível a existência de robôs inteligentes (as leis pressupõem inteligência suficiente para distinguir o bem do mal) e que não se revoltassem contra o domínio humano. Obviamente, as leis fazem todo o sentido do ponto de vista humano, mas não necessariamente do ponto de vista dos robôs (!). Como toda e qualquer lei, elas geram muitas discussões sobre qual a sua melhor interpretação. Tema, por sinal, bem abordado pelo próprio Asimov. A interpretação, que nada mais é do que buscar o real significado das normas, depende de inteligência. Justamente o tema em debate neste capítulo. Confira no site o artigo imputado a Asimov que apresenta este tema.

Vale ressaltar que inteligência é uma coisa, cultura é outra e sabedoria é ainda uma terceira. Elas podem andar juntas ou separadas e, no frigir dos ovos, continuamos apostando no conceito de inteligência já citado anteriormente: inteligência é a capacidade de se adaptar para alcançar objetivos e felicidade. Nesse ponto, os conceitos de sabedoria e inteligência se aproximam.

Utilidade da inteligência

Mais importante do que ter inteligência ou saber reconhecê-la é saber utilizá-la adequadamente. A simples posse de alguma inteligência não é o suficiente para o sucesso e a felicidade. É preciso, antes de tudo, ser uma pessoa, relacionável. É extremamente comum vermos pessoas muito inteligentes infelizes: isso ocorre porque estas propendem para não se desenvolver emocionalmente. Ou porque tendem a achar que por serem inteligentes terão, em geral sozinhas, a solução para tudo. O que sobra em "QI" às vezes falta em humildade e bom-senso.

Os gênios tendem a ser pessoas inadaptadas exatamente por causa de sua incapacidade, e dos que os rodeiam, de trabalhar também com o coração, ao invés de só com o cérebro. Essas conclusões, que já podiámos encontrar na Bíblia (ver Lucas 10. 38,42), foram trazidas ao grande público através do festejado *best-seller Inteligência Emocional,* de Daniel Goleman, que diz (1996, p. 46):

> Um dos segredos de Polichinelo da psicologia é a relativa incapacidade das notas, medições de QI ou contagens do SAT (Teste de Aptidão Escolar), apesar de sua mística popular, predizerem com certeza quem será bem-sucedido na vida. Claro, há uma relação entre o QI e as circunstâncias de vida para grandes grupos como um todo: muitas pessoas com índices de QI muito baixos acabam em empregos servis, e as de altos índices tendem a se tornar bem pagas, mas de nenhum modo sempre.

Há inúmeras exceções à regra de que o QI prevê o sucesso – tantas (ou mais) exceções quanto os casos que se encaixam na regra. Na melhor das hipóteses, o QI contribui com cerca de 20% para os fatores que determinam o sucesso na vida, o que deixa 80% a outras forças.

O autor traça um paralelo entre QI e remuneração ou sucesso e demonstra que inteligência não é o bastante. Se traçarmos um paralelo entre QI e relacionamento afetivo, o desvio será ainda maior.

A partir do momento em que se verificou que a inteligência medida pelo QI, mesmo que ajude, não é uma garantia de sucesso profissional nem humano, passou-se a questionar o conceito de inteligência. Existem conceitos diferentes de "inteligência" e já está claro que nem sempre as "inteligências" mais prestigiadas pela sociedade trazem como resultado uma pessoa ou vida mais feliz.

Na verdade, a inteligência é uma habilidade que nasce com todos os seres humanos e é passível de desenvolvimento, ou seja, é possível aprender a ser mais inteligente. Ninguém é desprovido de inteligência. O máximo que existe é a dotação de inteligências diferentes (um tem mais a linguística; outro, a corporal; e assim por diante). E a grande inteligência, que é se adaptar, ser feliz, é possível para todos. Assim como não devemos chamar os outros de forma deselegante, não nos podemos considerar merecedores de tais designativos.

Acréscimo de inteligência e desempenho

Somos educados a pensar que a inteligência e a beleza são dádivas da vida que já recebemos prontas e acabadas, que estamos "condenados" a passar o resto da vida com a quantidade de uma ou de outra que foi por nós recebida. É óbvio que aquele que do destino já recebeu beleza e/ou inteligência prontas é um afortunado, com muito mais facilidade e conforto. Para quem não nasceu genial ou lindo, porém, restaria apenas a resignação?

As academias de ginástica, clínicas de beleza e os cirurgiões plásticos há tempos vêm provando que a beleza pode ser obtida com esforço pessoal e tecnologia. No que tange à inteligência, aos poucos vai se firmando não só o seu melhor conceito, mas também, e felizmente, a conclusão de que ela pode ser aperfeiçoada. É óbvio que o gênio nasce pronto, mas mesmo ele pode se aperfeiçoar. As pessoas que não tiveram tal sorte podem aprender técnicas que otimizem suas capacidades, muitas delas aprendidas na observação dos gênios.

A verdade é que é possível aprender a ser mais inteligente e a desenvolver espécies diferentes de inteligência. Como já disse Charles Chaplin, precisamos mais de humanidade do que de inteligência. A inteligência necessária para a felicidade está à disposição de todos.

Além do mais, não existem pessoas "burras", mas sim pessoas que ainda não tiveram a possibilidade ou a vontade de desenvolver sua capacidade intelectual. Isso, aliás, é tarefa moral da sociedade, do Estado e dos que já angariaram certo grau de inteligência. E, apesar disso, a maior parte dos alunos que participaram de cursos de otimização do estudo respondeu que, no fundo, se acha "um pouquinho burra", como já dissemos.

É possível ser mais inteligente?

A partir do momento que definimos corretamente a inteligência como sendo a capacidade de adaptação na busca da felicidade, verificamos que é possível aumentá-la. Além disso, será possível reavaliar nossa opinião sobre pessoas aparentemente inteligentes. Você conhece alguém considerado muito inteligente que não tem amigos nem consegue se relacionar bem com sua família? Todos nós conhecemos. Tal pessoa é realmente inteligente? Durante seminários, é muito comum ser citada uma pessoa "inteligente", mas que não consegue passar em concurso. Será que ela é inteligente mesmo? Se uma pessoa não tem bons relacionamentos e amigos, ela está distante de uma vida saudável. Será ela inteligente se aprender a superar suas dificuldades de relacionamento. Se alguém não está conseguindo passar em concurso, será realmente inteligente se conseguir se adaptar para alcançar o êxito perseguido. Como fazer isso? Basta analisar friamente onde se está falhando e ter coragem e vontade suficientes para corrigir o rumo. Se você quer ser mais inteligente do que já é no momento, aprenda a capacidade de adaptação e, após definir o que é felicidade para você, aja de modo a alcançá-la. Isso é ser inteligente.

Inteligência é uma habilidade que
nasce com todos os seres humanos.
Inteligência é a capacidade de adaptação.
Inteligência é a capacidade de buscar a felicidade.

Atos de inteligência

Além da noção de que há diferentes espécies de inteligência, vale mencionar o ensino de Luiz Machado, de que, mais do que pessoas inteligentes, há atos de inteligência. Isso facilita a noção da possibilidade de sermos mais inteligentes, desde que substituamos atos menos inteligentes por outros mais inteligentes, exatamente aqueles que sejam mais aptos a nos conduzir à felicidade. Nesse passo, vale citar o ensino da mãe do Forrest Gump: "Idiota é quem faz idiotice." Prosseguimos dizendo: "Inteligente é quem pratica atos de inteligência, ou atos inteligentes." Assim, fica claro mais uma vez que sucesso e derrota, tolice e sapiência não são pessoas, mas atitudes ou situações. Isso abre para qualquer um a oportunidade de ser inteligente e sábio. Porque sabedoria é uma escolha.

A inteligência, junto com a riqueza, questionada pela fé

Se você tem interesse pelas questões de fé, repare que uma das críticas a Jesus foi por quebrar a tradição e se interessar pelos doentes, prostitutas, corruptos e rejeitados. Outra quebra de paradigma foi vincular a salvação não aos grandes feitos ou à grande sabedoria, mas à fé. Não haveria necessidade de inteligência, títulos nobiliárquicos ou riqueza para ser um "escolhido". Isso, por óbvio, agrediu profundamente os conceitos então sedimentados e ainda presentes na sociedade atual! A simplicidade chega a ser confundida com ignorância, pois a vaidade dos homens tem dificuldade em lidar com algo precioso e para o qual não é preciso poder, dinheiro, beleza ou inteligência para se alcançar.[1]

1º A felicidade é mais do que passar em um concurso.

2º Você não precisa ser um gênio para ser aprovado.

3º Você já possui hoje um enorme potencial de crescimento e aprendizado.

4º Você pode otimizar a sua inteligência e a sua capacidade de aprender.

CRIATIVIDADE

O Campo de Batalha Essencial

A imaginação é mais importante que o conhecimento.
Albert Einstein

A inteligência é a eletricidade que vai fazer seu cérebro funcionar. E para ligar essa máquina, o primeiro passo é se descobrir inteligente, é parar de se autolimitar com conceitos

1 A nosso ver, a maior inteligência é obter sucesso, felicidade e paz. Caso interesse, veja textos que tratam do tema: Romanos 6.23, I Coríntios 1.18,25 e 2.14.

errados. Muitas pessoas se acham limitadas e pouco inteligentes. E, nisso crendo, acabam diminuindo sua inteligência.

Sim, a inteligência mais importante e útil é a capacidade de adaptação e de buscar os próprios sonhos e objetivos. As inteligências estudadas têm sua utilidade, mas ninguém é mais inteligente do que a pessoa que consegue ser feliz, realizar planos, melhorar. Mesmo que não se consiga tudo o que se quer, a caminhada em busca dos sonhos e projetos vai trazer resultados positivos em termos de realização, autoestima, crescimento pessoal, experiência etc.

Eu não estou preocupado com o seu QI ou se você é bom em matemática. Eu me preocupo se você é capaz de perceber que sua opinião sobre si mesmo afeta diretamente seus resultados.

A sequência é a seguinte:

Pensamentos ⇒	Atitude ⇒	Comportamento ⇒	Resultados
Quando você muda seus pensamentos, muda sua atitude; quando você muda sua atitude, muda seus comportamentos; quando você muda seus comportamentos, muda seus resultados.			

Ou seja, o "campo de batalha" essencial é a mente, ali é que se começa a construir uma nova realidade.

Atitude e Otimismo

Uma pesquisa muito interessante acompanhou diversas freiras e as cartas que elas escreviam. Os pesquisadores tiveram acesso às cartas que freiras jovens escreviam e as separaram em dois grupos, conforme preponderassem em seus escritos termos como:

a) alegria, bondade, perdão, amizade etc.;
b) tristeza, maldade, ressentimento, inimizade etc.

Pois bem, depois de muitos anos, foram ver como estavam as freiras. As do primeiro grupo tinham a saúde muito melhor do que as do segundo grupo.

Pesquisas semelhantes mostraram que pessoas otimistas e alegres conseguem se recuperar de doenças graves como o câncer de forma muito melhor do que pessoas pessimistas. Nesse ponto, a crença em Deus também faz diferença estatística em termos de recuperação de doentes terminais, a ponto de alguns médicos ateus concordarem com a utilidade do apoio religioso nos hospitais, tão somente pelos bons resultados que provocam. No mesmo sentido, temos a atuação dos "doutores da alegria" nos hospitais brasileiros e a experiência de uma medicina diferente preconizada por Patch Adams, cuja vida foi retratada no filme *O Amor é Contagioso*, estrelado por Robin Williams.

Se a pessoa começar a ler sobre física quântica, então irá ainda mais longe na percepção da importância do otimismo e também das palavras que escolhe e utiliza.

Portanto, escolha o otimismo e as palavras certas, e sua mente, cérebro e inteligência irão funcionar melhor.

A Escolha do Objetivo como Fator Determinante do Sucesso

A busca pelo sucesso em qualquer objetivo, seja ele passar em concursos, correr uma maratona, montar uma empresa ou salvar um casamento, exige alguns cuidados. O primeiro deles é determinar um objetivo claro a ser alcançado. A pessoa precisa saber o que quer. Já foi dito que nenhum vento ajuda o barco que não sabe para onde quer ir. É preciso saber o que se quer e visualizar o sonho, a meta.

A escolha do objetivo deve ser feita de modo a haver uma "essência positiva" no mesmo. O rendimento de quem "foge do desemprego" é bem menor do que o daquele que "busca um emprego", que por sua vez é menor do que daquele que "quer trabalhar", que é menor do que daquele que "tem um sonho e quer concretizá-lo". Não me peça para explicar isso detalhadamente, contente-se por ora com a conclusão: se você pensa de forma positiva ou negativa, isso afeta seus resultados e, provavelmente, se você vai conseguir ou não alcançar seu objetivo.

Outra preocupação é a existência de objetivos confusos ou não ideais. Algumas pessoas não sabem o que querem, ou querem coisas incompatíveis, ou "não ideais". Vamos esclarecer isso com alguns exemplos:

a) Tenho um amigo que deseja enriquecer mas que tem um bloqueio mental em relação à riqueza. Ele pensa, equivocadamente, que para enriquecer é preciso sacrificar um valor que lhe é muito caro, a convivência e a harmonia familiares. Logo, ao mesmo tempo ele "quer" e "não quer" enriquecer. Existem pessoas que visualizam ou percebem o dinheiro como algo essencialmente mau, de modo que estão bloqueadas mentalmente para ganhar dinheiro. O dinheiro não é bom nem mau, mas sim a forma como nos relacionamos com ele. A Bíblia (I Timóteo 6) fala que o problema é o "amor ao dinheiro". Vale a pena dizer que o sucesso (qualquer deles, inclusive o financeiro) exige sacrifícios, mas que uma boa administração do tempo pode permitir boa vida familiar mesmo no período de preparação e semeadura. E que, já nos tempos da colheita, os resultados do esforço vão permitir mais convívio e conforto, mais tempo e serenidade, do que terão aqueles que não se esforçaram e não foram tão longe.
b) Tenho uma amiga que quer passar em concurso mas não consegue dizer não aos amigos e nem aos programas legais que surgem constantemente. Por um tempo, ou ela abre mão de ser tão popular e curtir tanto a vida e as amizades... ou vai precisar se contentar com isso para o resto da vida, ou ao menos até entender que sucesso se faz com algum sacrifício.
c) Um amigo meu, típico "mulherengo", afirma que não se pode ter o melhor de dois mundos. Ele sabe que não tem algumas das coisas boas da vida de casado, "família" etc., mas sabe que sua escolha sacrifica isso. Ele prefere as noitadas, variedade etc. E, curiosamente, seu grande desejo é que um dia tenha uma esposa, filhos etc. Repare sua sabedoria em entender que não se pode ter o melhor de dois mundos e o paradoxo de estar em um e desejar o outro... e que, por sua conduta, não anda treinando muito para o mundo em que deseja viver. De qualquer forma, ele lida com a questão de forma muito mais consciente do que aqueles que, seja em sexo ou em concursos e lazer, querem abraçar o mundo.
d) Algumas pessoas têm dúvidas entre concurso e iniciativa privada. Ora, fora os casos em que é possível conciliar as atividades, o concurso permite um grau maior de segurança e um grau menor

de remuneração. A iniciativa privada tem menos segurança e a remuneração pode variar de zero a muito mais do que nos cargos públicos. Outros flutuam entre ir atrás dos gostos ou fazer o concurso. Essas indecisões, na verdade, revelam que a pessoa precisa primeiro estabelecer seus valores e prioridades. Conheço quem fica ou ficará feliz com a remuneração do cargo, podendo optar pela segurança; outros, contudo, querem uma vida de padrão que não é compatível com o serviço público; uns conseguem primeiro passar no concurso e depois ir buscar outros prazeres; outros não.

e) Conheço pessoas que possuem objetivos que chamo de "não ideais", mas que poderia chamar de "irreais". Desejam uma vida de conforto, luxo, segurança e tranquilidade que simplesmente não existe. Conheço alguns poucos milionários que têm isso, mas são poucos, assim como conheço milionários que perderam suas fortunas. Também conheço homens e mulheres que tinham essa vida nababesca bancada por cônjuges e onde tudo ia bem... até que se separaram e tiveram que "correr atrás do prejuízo". Eu também queria uma vida mais tranquila, mas, mesmo hoje, ainda passo finais de semana viajando, longe da família, para cumprir metas, planos, responsabilidades.

Nesse passo, vale mencionar a **incapacidade de renúncia**, problema que afeta a muitos e que tem prejudicado a realização de muitos projetos. Da incapacidade de renúncia surge a insatisfação e outros problemas. Às vezes, a pessoa renuncia a algo mas não consegue deixar de ficar pensando naquilo a que renunciou... e o problema permanece. Noutros casos, não se faz uma renúncia e é preciso conviver com a **multiplicidade de objetivos**. Poucos são os que conseguem administrar bem uma quantidade muito grande de alvos.

Outro problema é a colocação do **dinheiro** e **poder como objetivos primários**. Em geral, as pessoas não ficam felizes com isso, e é impressionante quão numerosos são os que buscam apenas isso... para se frustrarem depois. Uma pesquisa nos Estados Unidos indagava o que as pessoas queriam na faculdade. Separaram dois grupos, um onde a resposta era enriquecer e ficar milionário, e outro onde a resposta tinha relação com sonhos, ideais, fazer algo grandioso ou revolucionário etc. Depois de vários anos foram ver onde as pessoas estavam... e o grupo dos sonhadores tinha uma quantidade muito maior de milionários!

O único lugar onde dinheiro vem antes de sucesso e de trabalho é no dicionário. Não tenha o dinheiro ou o poder por si só como objetivo principal. Deixe que eles persigam você. Opte por obter o poder que decorre da força moral, da competência, do respeito e do sentido de serviço ao próximo. Opte por lidar com o dinheiro como um bom empregado, mas jamais como seu patrão.

E lembre-se que isso tudo está sendo colocado aqui pois a forma como você escolhe, renuncia, pensa e sente as coisas vai programar sua mente. E a forma como você programa sua mente vai refletir no seu desempenho e nos seus resultados.

Técnicas de Criatividade

Assim que você pensar que sabe como são realmente as coisas, descubra outra maneira de olhar para elas.
Sociedade dos Poetas Mortos

Algumas das técnicas de raciocínio já ajudam a conseguir-se mais criatividade, como, por exemplo, a mudança de paradigmas. Porém ainda é possível aprofundar-se mais.

O uso da criatividade nos dá acesso a novos mundos e oportunidades, a novas soluções e a um novo modo de ver as coisas, de ouvir uma palavra ou de sentir o mundo que nos rodeia. As técnicas servirão como instrumentos de facilitação dessa nova forma de captar a realidade e transformá-la.

A criatividade também é útil na argumentação escrita e oral. É claro que, em concursos, devemos primar pela simplicidade, mas é sempre bom saber ir um pouco além, se conveniente e preciso. Embora com cuidado, para não chocar algum examinador mais conservador, podemos usar a criatividade nas provas, desde que com a cautela devida.

Contudo, um espírito criativo pode ser bastante útil antes da prova, ao procurar novas soluções para resolver problemas relacionados ao cotidiano e ao estudo. Quando você pega uns três ou quatro livros e os coloca de lado para escorar o livro que está lendo, a fim de ter um ângulo mais ergonômico e confortável para o corpo, você está sendo criativo em benefício do seu ambiente de estudo. Quando você muda o jeito, o local, o horário, o sistema para conseguir estudar ou estudar melhor, você está sendo criativo.

E você, o que pode criar, modificar ou adaptar para melhorar sua vida e/ou sua qualidade de estudo? Não se esqueça do que falou, em uma de suas entrevistas, Roberto Shinyashiki: "Quem quer fazer alguma coisa encontra um meio. Quem não quer fazer nada encontra uma desculpa." Você tem procurado desculpas ou soluções?

Existe um estudo sobre funcionamento das mentes que demonstrou que existem pessoas que pensam focadas nos problemas e outras que pensam focadas nas soluções. Qual dos dois grupos você acha que tem melhores resultados? Ora, isso é óbvio. Mas não adianta apenas saber, é preciso transformar isso em resultados. A partir de hoje, sempre que estiver pensando em um problema, treine a si mesmo para também pensar nas soluções para ele.

A Importância da Criatividade

> O novo ou está nos olhos de quem vê ou transforma
> o olhar de quem observa.
> A. Watson

Criar ideias é uma habilidade natural do ser humano, todas as pessoas têm esse recurso. As únicas limitações à criatividade e à imaginação são aquelas que o próprio indivíduo estabelece em decorrência de preconceitos, receio de errar, medo de parecer "bobo" ou "ridículo". Todas as grandes mudanças e progressos da Humanidade começaram na mente criativa, corajosa, experimentadora e questionadora de pessoas que aceitaram pensar livremente e colocar suas ideias em prática.

É conhecida a regra de que toda nova ideia é inicialmente ridicularizada, em seguida agredida e, por fim, se boa, aceita. Depois, corre-se o risco dessa nova ideia tornar-se tão aceita, que passa a assumir ares de verdade absoluta. Como o mundo é cheio de mudanças, haverá, mais cedo ou mais tarde, a necessidade de novas ideias, que serão ridicularizadas, agredidas e, finalmente, aceitas.

> Toda verdade passa por três etapas: primeiro, ela é ridicularizada. Depois, é violentamente antagonizada. Por último, é aceita universalmente como autoevidente.
> Arthur Schopenhauer

É nessa constante ebulição de ideias, nessa infindável avaliação entre conceitos estabelecidos e inovadores e a necessidade de decidir quais são os mais convenientes, que se desenvolve a mais emocionante aventura humana: a do conhecimento.

Técnicas de Criação de Ideias

A criação de ideias é uma alternativa para solucionar problemas. O primeiro requisito (talvez o único) para criar ideias é estar disposto a pensar, fazendo isso com base na situação, no objetivo e sem preconceitos contra novas soluções, nem que seja para, ao término do processo, optar pelas soluções mais conservadoras.

Como já dissemos, é preciso autoconfiança. Um dos primeiros passos para a criatividade é libertar-se do medo de errar, parecer tolo ou ser criticado. Repare no futebol: o artilheiro do campeonato com certeza errou inúmeros chutes a gol, mas é considerado pelos que acertou. A atividade de criação é parecida, já que nem sempre se tem sucesso. Contudo, o que importa é a capacidade e a coragem de criar, imaginar e experimentar. É isso que encontramos nos inventores, pioneiros, desbravadores etc.

Existem algumas técnicas que disciplinam o pensamento de modo a seguirmos uma ordem racional e/ou atentarmos para todos os elementos que devem ser apreciados numa questão.

Vejamos alguns caminhos, sabendo que são apenas sugestões. A melhor técnica é a liberdade de raciocínio somada ao uso de uma ou mais técnicas combinadas.

Técnicas:

1) Definição do problema e soluções
2) Relaxamento
3) *Brainstorms*
4) Inversão do "Sim, porém..."

5) Solução através do semelhante/diferente
6) Definição de objetivos mais altos
7) Mudança da perspectiva
8) Desafio das impossibilidades

Técnica da definição do problema e das soluções

1) Definir a situação, o que envolve três elementos:
   a) reunir todos os dados disponíveis sobre os fatos;
   b) identificar qual é exatamente o problema a ser solucionado;
   c) identificar as várias soluções possíveis, escolhendo qual é a mais interessante.

2) Reavaliar as soluções, o que envolve três pontos:
   a) reaprecie sob diversos ângulos todas as soluções possíveis, suas vantagens e desvantagens, cotejando-as com a solução tida como ideal;
   b) ao analisar os meios para alcançar as soluções, procure combinar as vantagens de soluções diversas;
   c) liberte-se de paradigmas, quebre o padrão e tente encontrar soluções inovadoras.

3) Procurar soluções inovadoras, o que envolve três fases:
   a) deixe as ideias fluírem normalmente, por mais absurdas que possam parecer. Apenas as anote;
   b) após a fase anterior, estabeleça um juízo crítico, mas não preconceituoso;
   c) compare as vantagens e desvantagens dessas soluções inovadoras com as opções mais tradicionais e conservadoras.

Para encontrar as vantagens e desvantagens, faça duas colunas e simplesmente saia anotando o que é bom e ruim, lucrativo e não lucrativo, fácil e difícil de fazer, o que é mais aceito pela comunidade e não etc. Depois desse passo, identifique em cada item novos aspectos positivos e negativos.

Sempre procure ver cada um desses fatores sob ângulos diversos. **Exemplo 1:** Aumentar o preço de um produto gera mais lucro? Sim e não, pois, dependendo de vários fatores, as vendas podem cair ou até aumentar (por exemplo, há certos níveis sociais onde as coisas são compradas não pela sua utilidade, mas pelo fato de serem caras, caso em que quanto mais caro, mais fácil vender). **Exemplo 2:** Fazer propaganda é bom para o produto? Sim e não, pois se o produto é ruim, a propaganda fará com que todos o utilizem e descubram sua falta de qualidade (ou seja, a propaganda, sozinha, pode "matar" o produto de vez). Por isso, sempre pense bastante antes de considerar um dado elemento como positivo ou negativo, pois as circunstâncias podem fazer um mesmo elemento migrar de um lado da coluna para o outro.

A técnica das colunas para vantagens e desvantagens é útil para tudo, desde escolher um carro até trocar de parceiro amoroso.

Por vezes é melhor ter regras medianas do que não ter regra alguma.

Definir qual é o objetivo e quais são as regras (limitações, desvantagens inaceitáveis etc.) pode parecer óbvio, mas não é feito com frequência. O ovo de Colombo é um bom exemplo. Eu e alguns parentes estávamos em um sítio e fizemos um concurso onde venceria aquele que até às 14 horas tivesse apanhado mais peixes. De posse de varas de pescar, os outros três já tinham pescado alguns e eu nada. Quando faltavam 20 minutos para o término, tive um *insight* ao ver aquele monte de peixinhos ("barrigudinhos") que ficam nas margens do rio. Saí (pensaram que eu tivesse desistido), arrumei uma peneira, esperei faltarem só 5 minutos para o fim, afundei-a na água, esperei 5 minutos e ao levantar tinha 22 peixes, contra 11, 8 e 7 dos concorrentes. Como a regra era "pegar mais peixes", não tendo sido definida a forma de pescar ou o tamanho de cada um deles, reconheceram minha vitória. A solução foi criativa, mas partiu de um princípio simples, que é perguntar quais são exatamente as regras e o que exatamente se quer.

Sobre o tema, vale dizer que uma das primeiras decisões a serem tomadas é se as regras devem ser respeitadas ou mudadas (quebradas). Há quem diga que se não dá para vencer com as regras existentes, devemos mudá-las. Por outro lado, as regras possuem um grande valor em virtude de serem pontos de partida, parâmetros. Elas possuem um forte conteúdo de pacificação e unificação de procedimentos ou valores. Por vezes é melhor ter regras medianas do que não ter regra alguma. Também devem ser analisadas a justiça e a legitimidade das regras: se foram redigidas e editadas de modo democrático, com base no bom-senso, no acordo, na capacidade (mérito) de quem as fez etc. Outro ponto relevante é verificar se as regras vêm sendo atualizadas paulatinamente com a evolução da situação ou dos tempos. Se reconhecemos a legitimidade/autoridade das regras e admitimos como útil, necessário ou recomendável cumpri-las, precisamos então definir sua real vontade e significado.

Após editadas, as regras passam a ter vida independente, devendo subsistir pelo que efetivamente exprimem. É um ônus de quem as estabelece fazê-lo de modo claro e inteligível. Ao analisar regras veja o que elas realmente dizem e não o que parecem dizer.

O exemplo é útil para mais uma coisa. Tome cuidado ao definir as regras para você não levar bomba. Em concursos, como as regras já estão fixadas, conheça-as bem.

Técnica do relaxamento

O cérebro é capaz de trabalhar na solução de um problema enquanto estamos "desligados" dele. Quantas vezes você pensou em um problema à noite, foi dormir e, pela manhã, veio a solução? O que vamos fazer é utilizar essa habilidade cerebral melhor e mais vezes. A Bíblia chega a dizer que o "choro pode durar uma noite, mas a alegria vem pela manhã". Isso não quer só dizer que a cada manhã devemos renovar nossa disposição de viver. Também significa que muitas vezes a solução e o refrigério seguem-se a um período de dificuldade intermediado por algum descanso ou pela colocação do problema nas mãos de Deus (nesse sentido, ver Lucas 10. 38, 42). Entre as várias leituras possíveis, uma delas confirma que um período de descanso pode servir para encontrar soluções onde a tensão da procura pode atrapalhar.

Vale lembrar que, no período de relaxamento, o cérebro caminha em ondas alfa, teta e delta ("estações de rádio e TV"), que alcançam rincões longínquos do universo cerebral. Entre em alfa e pense melhor, durma e renda melhor. Além das ondas cerebrais, também haverá preponderância da atividade inconsciente, que acessa um número infinitamente maior de fatores e dados. É algo ainda mais eficiente do que se você, hipoteticamente, deixasse um problema ser analisado pelos 1 Terabytes de seu HD, em vez de pelos 2 Gigabytes da memória RAM de seu computador.

Experimente pensar bastante sobre as fases do item anterior. Pense bastante nisso. Diga para si próprio que você quer, precisa e tem capacidade para encontrar soluções. Faça imagens mentais nesse sentido. Conscientize-se do quanto a obtenção da solução é importante para você e para aqueles que lhe são caros. Após essa fase, relaxe e deixe seu cérebro trabalhar.

Para relaxar, esqueça temporariamente o problema. Durma, descanse, viaje, ouça uma música, vá ao cinema ou ao teatro, converse com crianças ou idosos, pinte um quadro, vá à praia, caminhe pela praia, pegue sol, nade, tome banho de rio, pegue chuva, plante alguma coisa, caminhe por uma mata reparando sua beleza, contemple o mar ou as estrelas, assista ao sol nascendo ou ao ocaso (pôr do sol); flerte, namore, tome sorvete etc. O tempo que você está "fora" não significa que você está "desligado" (*"time out is not time off"*).

Quanto mais informações você colocar no seu cérebro sobre o problema, mais fácil será encontrar a solução.

Técnica dos *brainstorms*

A tradução seria, mais ou menos, a técnica de criar uma "tempestade cerebral" ou uma "tempestade no cérebro". Reúna um grupo de amigos, coloque as circunstâncias em cima da mesa e peça sugestões. Novamente, utilize duas fases, a primeira na qual as ideias são absolutamente livres (não as critique), e no segundo momento, faça uma análise sobre a factibilidade de cada ideia, analisando vantagens e defeitos, condições de implementação etc. Muitas vezes, várias cabeças pensam melhor do que uma.

Experimente também pedir opinião a pessoas que não têm qualquer relação com sua área, ou até mesmo a uma criança ou adolescente. Quem está de fora de um problema tende a vê-lo com "outros olhos", com menos "pré-conceitos" (= preconceitos), às vezes logrando maior objetividade ou criatividade. Depois de ouvir as ideias, aprecie-as quanto à sua aplicabilidade.

Muitas vezes, várias cabeças pensam melhor do que uma.

Técnica inversora do "sim, porém..."

Nunca mate uma ideia logo que ela nascer. A forma mais corriqueira de se fazer isso é dizendo *"sim, porém..."*. Um dos exemplos mais conhecidos é o da máquina fotocopiadora, que foi várias vezes rejeitada por empresas e passou um longo tempo sem ser implementada porque ninguém, senão seu criador, acreditava na sua utilidade. As pessoas diziam sim, porém isso ou porém aquilo, já que não viam a aplicação prática ou comercial daquilo que hoje todos nós utilizamos. O carro, o cinema, o relógio digital, o televisor, o avião, o celular, os computadores, tudo isso foi rejeitado em um primeiro momento. Exemplo citado no vídeo *Ideas into Action* (Melrose Films).

O "*Sim, porém...*" normalmente é fruto do comodismo, medo, preconceitos, lógicas predeterminadas, precedentes não necessariamente ainda atuais etc.

Não tema ideias novas ou absurdas, nem tenha receio de ser diferente ou um pioneiro. Acredite no impossível: "No reino das ideias tudo é possível."

Se você ouvir o "*Sim, porém...*", continue acreditando em sua ideia e até mesmo aperfeiçoe-a com base em objeções ou questionamentos. Várias invenções que transformaram o mundo permaneceram algum tempo rejeitadas.

Continue acreditando em sua ideia e até mesmo aperfeiçoe-a com base em objeções ou questionamentos.

Técnica do semelhante e diferente

Se um problema não está sendo resolvido pelo modo rotineiro, você deve procurar outros caminhos. Existem, portanto, dois caminhos: trabalhe com as coisas semelhantes e, depois, com as diferentes.

Semelhantes. Raciocine através da adaptação de conhecimentos já consolidados. Para criar-se o *skate*, foi feita uma adaptação consistente na soma de dois sistemas já conhecidos: a prancha de surfe com os patins.

Diferentes. Relacione o problema com coisas aparentemente diferentes. Por exemplo, da observação dos carrapichos foi desenvolvido o fecho de velcro.

Dialética Hegeliana: Tese + Antítese = Síntese

Técnica da definição de objetivos mais altos

> Não há nada que seja maior evidência de insanidade do que fazer a mesma coisa, dia após dia, e esperar resultados diferentes!!!
> Albert Einstein

Se você quer aumentar sua produção em 10% e trabalhar com essa margem, é possível que consiga atingi-la ou obtenha 6, 7 ou 8%. Se, contudo, "pedir" ao seu cérebro soluções para dobrar sua produção, há uma chance de que você tenha ideias para aumentar sua produção em 50%.

Em concursos, essa técnica se aplica para definir a quantidade de matéria a estudar e a nota pretendida. Se o Edital tem 20 pontos, eu vou estudar todos e, se der, aprofundar o estudo um pouco além do que todo mundo se contenta em fazer. Se a nota mínima para passar é cinco, eu vou estudar, esforçar-me e trabalhar para tirar dez. Se eu quero cinco, qualquer falha que ocorra me colocará abaixo da linha de aprovação, ao passo que se trabalhar pelo dez, ainda que não consiga essa nota, estarei bem acima do mínimo para passar.

É bastante conhecido o pensamento de que se deve atirar nas estrelas para, ao menos, acertar a Lua. **Pense alto!**

> Algo só é impossível até que alguém duvide e acabe provando o contrário.

Outras técnicas

As técnicas citadas são apenas algumas das existentes. Ainda existem várias outras, como as da **Mudança da perspectiva** e do **Desafio das impossibilidades**, e o leitor que estiver interessado encontrará, na pesquisa e na leitura, uma grande gama de caminhos para criar e resolver problemas e desafios, sejam os intelectuais, sejam os do cotidiano.

XADREZ COMO FORMA DE RACIOCÍNIO

O xadrez pode ser um bom instrumento para demonstrar métodos de raciocínio lógico para a tomada de decisões.

Uma das vantagens do xadrez é que ele exclui a sorte, a não ser a sorte de jogar com um jogador que não é habilidoso! Ou que se distrai, ou a sorte de não cometermos nós mesmos esses erros. Em regra, a vitória no xadrez depende exclusivamente da habilidade dos jogadores.

Outra característica interessante, e essa nem tão comum (e mesmo rara) na vida real, é que no xadrez os dois jogadores dispõem de todas as informações de que precisam à sua frente. É um jogo "transparente". Por outro lado, na vida real os contendores podem lidar com sistemas de acesso à informações diferentes e isso pode ser decisivo. Por isso, em qualquer debate ou prova, é importante a pesquisa dedicada e, nos concursos, o estudo de toda a matéria referida no edital.

Recomendamos que o leitor aprenda a jogar xadrez e o pratique. Para que não seja verdadeira a bem-humorada tirada de Millôr Fernandes ("O xadrez é um jogo que desenvolve a inteligência pra jogar xadrez"), é útil que o leitor utilize os raciocínios enxadrísticos para a tomada de decisões e análise de cenários do mundo real. Para tanto, a seguir faremos uma rápida lista das perguntas ao jogar e ao analisar a jogada do adversário.

Antes, porém, cabe comparar o xadrez em face do jogo de damas. Quem sabe pensar tem muito mais alternativas, tanto quanto o xadrez em relação ao jogo de damas.

Jogo de damas

Usam-se apenas 32 casas.
2 tipos de peças (simples e damas, estas apenas após algum tempo).
Movimento apenas para frente, salvo para tomar peça adversária.
Para tomar-se o adversário é preciso passar sobre ele. As peças que ficam nas bordas do tabuleiro estão protegidas, diminuindo o tamanho efetivo do mesmo.
Não há movimentos especiais.
No jogo de damas é obrigatório se tomar peça adversária em perigo, sob pena de perder a sua ("sopro").
A peça que chega ao final do tabuleiro vira uma dama.

Jogo de xadrez

Usam-se as 64 casas.
6 tipos de peças, desde o início do jogo (rei, dama, torre, bispo, cavalo, peão).
Movimento em qualquer direção, variando de acordo com o tipo da peça.
Ao tomar a peça adversária, fica-se no lugar dela, o que aumenta as possibilidades de movimentação e o tamanho efetivo do tabuleiro.
Há movimentos especiais, como o roque e as peculiaridades dos peões.
No jogo de xadrez, você tem maior liberdade, podendo desprezar eventual peça adversária em perigo.
O peão que chega ao final do tabuleiro pode virar qualquer uma das demais peças, exceto rei.

De qualquer forma, o jogo de damas já é um excelente exercício intelectual.

O xadrez estimula a atividade cerebral. A análise de várias opções é sempre enriquecedora. Em xadrez, há perguntas que sempre devem ser feitas, como veremos a seguir:

Antes de Eu Jogar	Razão da Formulação da Pergunta
1. O que eu quero ao fazer este lance?	Devemos evitar movimentos sem um propósito.
2. Quais os benefícios do meu lance?	A ação não deve ser desperdiçada. Só vale a pena mover as peças para obtermos alguma vantagem.
3. Quais os riscos ou prejuízos do meu lance?	O planejamento deve envolver as possibilidades de prejuízos, os riscos, as alternativas de contra-ataques etc., tanto próprios quanto do adversário.
4. Que peças inimigas eu ameaço e que peças amigas eu desguarneço?	Todas as peças protegem-se mutuamente. Um movimento de ataque não deve desguarnecer excessivamente a defesa. O ataque deve pensar na própria defesa e a defesa deve ser dinâmica. Nada está isolado.

5. O movimento de minha peça mantém a coordenação entre todas as minhas peças ou é um movimento isolado?	Assim como se quer propósito (objetivo) e coordenação, não devemos trabalhar, salvo raras exceções, com peças isoladas. É preciso conjunto.
6. Para o lugar que a minha peça vai sua mobilidade futura será maior ou menor?	Quanto mais no centro do tabuleiro, maior o número de pontos atingíveis e a mobilidade da peça. Ao jogar, devemos considerar isso. A flexibilidade é sempre útil.
7. Qual o custo da peça que vou colocar em risco?	É preciso prever o risco de a peça ser tomada e qual a falta que irá fazer.
8. Vale a pena tomar a peça adversária?	Mesmo que eu poder tomar uma peça adversária, devo verificar se há alternativas melhores e/ou se não se trata de um sacrifício (ou armadilha).
9. Meu lance faz parte de uma estratégia que defini ou atende a uma necessidade criada (pelo meu adversário)?	No xadrez nós agimos em prol de nossas intenções, pela situação ou para prevenir ou res-ponder intenções do adversário. Devemos sempre pesar o que é mais urgente: fazer o lance que queremos ou desmontar o propósito do(s) lance(s) do adversário.
10. Existe uma alternativa melhor de lance?	Por melhor que pareça um lance, devemos verificar se, mesmo assim, ainda há outras possibilidades ou alternativas.

Após meu Adversário Jogar	Razão da Formulação da Pergunta
1. O que meu adversário quer fazer com esse lance?	Através dessa pergunta eu posso identificar a estratégia adversária e anulá-la.
2. Que benefícios meu adversário pretende com esse lance?	Ainda dentro da mesma preocupação, devemos aquilatar bem as razões da ação do adversário e, se valer a pena, impedir suas expectativas.
3. Quais os riscos e prejuízos que esse lance pode causar para meu adversário?	Como o jogo é conjunto, devemos verificar se o adversário desguarneceu alguma peça ou fragilizou sua posição, e explorar isso.
4. Que peças minhas ele ameaçou e que peças suas desguarneceu?	Serve para preparar a defesa de nossa peça ou até seu sacrifício ou o nosso contra-ataque.

5. O movimento da peça do adversário mantém a coordenação entre todas as suas peças ou é um movimento isolado?	Mais uma vez procura-se identificar a estratégia geral do adversário para quebrá-la, o que é mais eficiente do que ataques parciais (táticos). Se é um ataque isolado, devemos aproveitar a falta de defesa da peça atacante e encurralá-la, ou medir os prejuízos que ela pode causar e contra-atacar.
6. Para o lugar que a peça adversária foi, sua mobilidade futura será maior ou menor?	Se será maior, tenho que compensar com peças minhas. Se é menor, o ideal é deixá-la lá e aproveitar para aumentar a mobilidade das minhas, obtendo vantagem de posição (no terreno, no campo de batalha).
7. Qual o custo da minha peça que ele colocou em risco?	Se o adversário está atacando uma peça, ele tenderá a tomá-la sem muito cuidado, deixando de defender peça ou posição de jogo mais importante. Dependendo da situação, podemos sacrificar nossa peça em troca de posição ou peça mais valiosa.
8. Vale a pena tomar a peça adversária?	Serve para prevenir armadilhas adversárias e para aquilatar quem é mais forte naquele cenário. Para eu tomar uma peça, preciso ter pelo menos uma peça a mais atacando do que o adversário defendendo (por exemplo, ataco com três peças e ele defende com duas). Também devo levar em consideração o valor das peças envolvidas no combate. Se o adversário toma-me duas peças e eu, uma que vale mais do que ambas, a vantagem é minha. Qualidade vale mais do que quantidade.
9. O lance do adversário faz parte de uma estratégia sua ou atende a uma situação criada por mim?	O ideal é sempre levar o adversário a jogar forçado pela situação criada por nós. Mantê-lo sempre na defensiva, não deixar que exerça sua própria vontade, mas apenas o que decorrer da nossa. Isso vai impedir que ele desenvolva sua estratégia.
10. Existia uma alternativa melhor de lance?	Sempre devo estar preparado para o melhor do meu adversário, para fazer o mais difícil. Prevendo o que o adversário tem de melhor para fazer, estarei preparado até para o seu melhor. Se vier menos, melhor, será ainda mais fácil.

Experimente fazer as mesmas perguntas do xadrez quando for tomar uma decisão (fazer um lance) no jogo da vida. Muitas vezes o adversário não é uma pessoa, mas uma situação ou problema, mas as questões propostas são sempre úteis.

Analogia do jogo de xadrez com o jogo da vida

Além disso, a analogia do xadrez com a vida é impressionante. Em ambos, nada vive isoladamente, em ambos cada movimento – por mais insignificante que pareça – altera todo o jogo; em ambos, é preciso conjugar esforços, prevenir-se, prever o futuro, trabalhar com segurança, mas também com audácia e ousadia.

Tanto no xadrez quanto na vida, quanto maior seu conhecimento e capacidade, menor a influência das circunstâncias. Em xadrez, não existe sorte, a menos que você ou o adversário não saibam jogar bem ou joguem de modo aleatório, sem pensar no lance, sem fazer as perguntas básicas. Em concursos públicos, da mesma forma, só está sujeito aos humores da sorte quem não estuda o suficiente.

No jogo da vida, como em qualquer outro, não se pode ganhar nem perder sempre e, paralelamente, quanto maior o treino maior a probabilidade de vitória.

Outra observação importante, atribuída a Vince Lombardi, é a de que "quanto mais você suar no treinamento, menos vai sangrar no campo de batalha". Na Brigada Paraquedista, quando servi na qualidade de Aspirante a Oficial de Infantaria, se repetia constantemente que "quando a mente erra, o corpo paga". Seja para sangrar menos, seja para não "pagar" pelos erros, o ideal é que você pense bastante e treine muito.

Faça

Você existe apenas naquilo que faz.
Federico Fellini

A inteligência é importante e pode ser desenvolvida. A criatividade é útil e pode ser a porta para novos mundos que convivem à nossa espera. Sim, há mundos mais confortáveis, prósperos e felizes engavetados no futuro, esperando que nós puxemos a gaveta onde ficam, que lhes abramos a porta da realidade.

Contudo, de nada adiantará a inteligência e a criatividade se elas não forem postas em prática. O que torna o gênio algo útil é o mesmo que torna o homem comum um gênio: a realização de coisas, de objetivos, de sonhos e metas, por menor que sejam.

Nesse sentido, lembro de uma frase que ouvi pela primeira vez do amigo e professor Mauro Lopes. Segundo me contou, James Brown ensinava que não se pode deixar que muitas ideias atrapalhem a concretização de algumas. Veja a lição pelo que James Brown dizia: "Quando eu tenho uma ideia genial, faço uma música; quando eu tenho duas ideias geniais, faço primeiro uma música e depois penso na segunda ideia."

Esse item é um desafio: não fique apenas tendo ideias e criando teorias, imaginando coisas boas. Esse é o primeiro passo, e sem o qual nada se cria, mas a "coisa" não pode parar por aí. A mudança do mundo é um processo.

Logo, não fique parado, nem se permita apenas fazer coisas grandiosas. Comece com as coisas pequenas, comece com pequenas vitórias, e vá construindo sua experiência e seus grandes castelos tijolo a tijolo. Mas aja, faça, concretize, realize. Mesmo que erre, pois o erro disponibiliza lições, e apenas os que erram conseguem ter acesso à oportunidade de aprender.

Paralelamente, orgulhe-se modestamente de suas ideias e da ousadia de experimentá-las. Comemore os erros e os acertos, gratifique-se com o que colher. Se tiver errado, aprenda com o erro e, na próxima vez, ao menos, erre diferente, ou erre "melhor". Se tiver acertado, cuidado: o sucesso é traiçoeiro. Alegre-se, curta-o, mas "afie as facas" e prossiga. Às vezes o sucesso é tudo o que se quer, mas não se esqueça que o "sucesso não é um lugar onde você chega mas a forma como você caminha".

Se você reparar, entre as aspas que vou citando, coloco frases que não são minhas mas que me animaram e iluminaram na jornada que fiz até hoje e que certamente ainda vão me ajudar nas próximas estradas que começam a surgir na minha vida.

E, com duas outras frases, concluo este capítulo:

> Amar a si próprio é o começo de um romance para a vida inteira.
> Oscar Wilde

> A felicidade consiste em continuar desejando o que se possui.
> Santo Agostinho

Capítulo 11

Atitude, inveja, corpo e saúde

ATITUDE

> A última das liberdades humanas é escolher que atitude tomar em quaisquer circunstâncias, é escolher o seu próprio caminho.
>
> Viktor Frankl

A sua atitude determina boa parte do que você é e do que vai fazer. Costumo dizer que a atitude é essencial no candidato aos concursos públicos. Além disso, a atitude será necessária para o exercício do cargo. Também creio que a atitude vai ajudar na revolução que será preciso ser feita no serviço público[1].

Segundo John C. Maxwell,[2] a atitude de uma pessoa pode passar a ter maior qualidade. Para isso, Maxwell faz algumas observações importantes:

O que sua atitude pode fazer por você

O que normalmente separa os melhores do restante? Você já pensou nisso? O que separa o medalhista de ouro do medalhista de prata nas Olimpíadas? O que separa o empresário de

1 Acesse a área "serviço público" do site www.williamdouglas.com.br e descubra sobre a Revolução.

2 MAXWELL, John C. *Você faz a diferença – como sua atitude pode revolucionar sua vida*, 2007.

sucesso daquele que não tem sucesso? O que possibilita uma pessoa vencer na vida depois de um acidente que a deixou incapacitada enquanto outra desiste e morre? É a atitude.

É claro que, de vez em quando, aparecem pessoas como Mozart ou Lance Armstrong – aquelas cujos dons são tão extraordinários a ponto de realizarem coisas com as quais o restante de nós só consegue sonhar. (Mas até elas são auxiliadas pelo fato de terem atitudes extraordinárias.) A maioria das pessoas, quando está no auge de sua profissão, é parecida no que se refere ao talento. O que separa uma medalha de ouro de uma de prata normalmente são centésimos de segundo. Jogadores de golfe profissionais vencem torneios com uma única tacada. Como disse Denis Waitley em *The winner's edge* (A vantagem do vencedor), "a vantagem do vencedor não está em nascer em berço de ouro, em ter QI elevado ou em ser talentoso. A vantagem do vencedor está na atitude, não na aptidão. Atitude é o critério para o sucesso. Mas não se pode comprar uma atitude por um milhão de dólares. As atitudes não estão à venda".

A maior diferença que minha atitude pode fazer está dentro de mim, não nos outros

Por anos tentei viver de acordo com a seguinte afirmação: nem sempre posso escolher o que acontece comigo, mas sempre posso escolher o que acontece em mim. Algumas coisas na vida escapam ao meu controle. Outras não. Minha atitude nas áreas que escapam ao meu controle pode fazer diferença. Minha atitude nas áreas que estão sob meu controle irá fazer diferença. Em outras palavras, a maior diferença que minha atitude pode fazer está dentro de mim, não nos outros. Essa é a razão por que sua atitude é a sua maior qualidade ou a sua maior deficiência. É ela que prepara ou acaba com você. Ela pode levantar ou derrubar você. Uma atitude mental positiva não lhe permitirá fazer tudo. Mas ela pode ajudá-lo a fazer qualquer coisa melhor do que você faria se sua atitude fosse negativa.

O que a atitude pode fazer por você

Uma atitude positiva é uma qualidade diária em quase todos os sentidos. Ela não só ajuda a resolver problemas pequenos como também fornece um instrumental poderoso que pode ser útil por toda a sua vida. Aqui está o que quero dizer:

1. Sua atitude faz diferença na sua maneira de encarar a vida

À medida que nos aproximávamos do fim do século XX, muito se escreveu sobre os homens e mulheres que sobreviveram à Depressão e lutaram na II Guerra Mundial, as pessoas que Tom Brokaw chamou de "a melhor geração". Lembro-me de ler uma história sobre uma mulher daquela geração que acompanhou o marido durante a guerra até um acampamento do exército norte-americano no deserto do sul da Califórnia. O homem a aconselhou a não ir, achando que ela ficaria melhor se voltasse para o leste para ficar com a família, mas a jovem recém-casada não quis se separar de seu marido.

A única acomodação que eles conseguiram encontrar foi uma cabana em situação precária perto de uma aldeia de índios americanos. O lugar era muito simples. Durante o dia, as temperaturas muitas vezes chegavam aos 46°C. O vento, que soprava constantemente, parecia o ar quente que sai do forno. E a poeira deixava tudo em estado deplorável.

A jovem achava os dias longos e tediosos. Seus únicos vizinhos eram índios com os quais ela encontrou poucas afinidades. Quando seu marido foi enviado para o deserto para duas semanas de manobras militares, ela desabou. As condições de vida e a solidão eram demais para ela. Ela escreveu para a mãe para dizer que queria voltar para casa.

Pouco tempo depois, recebeu uma resposta de casa. Uma das coisas que sua mãe lhe disse foi: dois homens olhavam pelas grades de uma prisão. Um via lama; o outro, estrelas.

Ao ler várias vezes as linhas da carta, a jovem inicialmente sentiu vergonha. Depois sua reflexão amadureceu. Ela realmente queria ficar com o marido, por isso tomou uma decisão: ela procuraria as estrelas.

No dia seguinte, esforçou-se para fazer amizade com seus vizinhos. À medida que os conhecia, ela também pedia que eles a ensinassem a tecer e a fazer cerâmicas. No início, eles relutaram, mas, quando viram que o interesse que ela tinha por eles e pelo trabalho que faziam era genuíno, eles mostraram-se mais receptivos. Quanto mais a mulher aprendia sobre a cultura e a história dos índios, mais ela queria saber. Sua perspectiva começou a mudar. Até o deserto começou a parecer diferente para ela. Ela começou a apreciar sua beleza serena, sua vegetação resistente porém vistosa, e até pedras e conchas fossilizadas encontrou ao explorar a região. Ela começou, inclusive, a escrever sobre suas experiências ali.

O que mudou? Não foi o deserto. Não foram as pessoas que moravam naquele lugar. Ela mudou. Sua atitude mudou – e, consequentemente, seu ponto de vista mudou.

As pessoas mais felizes na vida não têm necessariamente tudo o que há de melhor. Elas simplesmente tentam aproveitar tudo ao máximo. São como a pessoa de uma aldeia afastada que vai a uma fonte todos os dias para pegar água e que diz: "Toda vez que venho a esta fonte, vou embora com o balde cheio de água!", em vez de "Não posso acreditar que tenho de continuar a voltar a essa fonte para encher o balde!"

A atitude de uma pessoa tem uma profunda influência sobre o seu modo de encarar a vida. Pergunte a um técnico antes de um jogo importante se a atitude dele e a de seus jogadores farão diferença no resultado do jogo. Pergunte a um cirurgião se a atitude do paciente é importante quando sua vida está em jogo em uma sala de emergência. Pergunte a um professor se as atitudes dos alunos têm um impacto antes de realizarem um teste.

Eu, William, costumo contar a história dos dois vendedores de sapato que foram enviados à Índia. Um deles retornou informando que ninguém usa sapatos na Índia; o outro mandou um telegrama para o patrão dizendo: "Vou estabelecer residência aqui, vou ficar rico! Ninguém tem sapatos *ainda*!" Repare que a realidade é a mesma para ambos, mas a forma de percebê-la muda tudo.

Na parábola que Jesus conta no final do Sermão do Monte (Mateus, capítulos 5, 6 e 7), repare que ambos construtores foram atingidos pela tempestade, pelo vento e pelas chuvas. A realidade era idêntica para ambos, mas a forma de lidar e se preparar para as adversidades naturais foi diferente. Ainda nesse passo, costuma-se dizer que a diferença entre o diamante e o carvão é como eles reagem à pressão, outros dizem que é a forma como as moléculas se organizam.

Segundo Maxwell, a atitude ainda **faz diferença em seus relacionamentos pessoais.** Em seu livro *Vencendo com as Pessoas*, ele descreve 25 princípios pessoais que qualquer pessoa pode usar para melhorar sua capacidade de construir relacionamentos e de trabalhar com outras pessoas. Muitos desses princípios se baseiam na atitude. Aqui estão alguns exemplos:

- **O Princípio da Lente:** quem somos é o que determina o modo como vemos os outros. Nossa percepção dos outros depende mais de nossa atitude do que das características dos que nos cercam. Se formos positivos, nós os vemos de modo positivo.

- **O Princípio da Dor:** pessoas magoadas magoam pessoas e se deixam facilmente magoar por elas. Nossas experiências negativas e nossa bagagem emocional dão cor à nossa percepção das ações dos outros. Interações normais podem causar-nos dor mesmo quando a outra pessoa não fez nada para causar dor.
- **O Princípio do Elevador:** podemos levantar as pessoas ou derrubá-las em nossos relacionamentos. As pessoas têm uma mentalidade que consiste em levantar ou limitar os outros.
- **O Princípio do Aprendizado:** cada pessoa que conhecemos tem o potencial de nos ensinar algo. Algumas pessoas têm uma atitude receptiva ao ensino e admitem que podem aprender algo com todas as pessoas que conhecem. Outras desprezam muitas pessoas e admitem que elas nada têm a oferecer.

Maxwell prossegue citando que a **atitude faz diferença em seu modo de enfrentar desafios**. Ele conta:

> Quando pastor, eu passava a maior parte do tempo com pessoas que estavam vivendo situações de tragédia. Visitava muitos pacientes antes de serem operados, e os que se empenhavam ao máximo e se recuperavam mais rápido eram as pessoas que tinham as melhores atitudes. Visitava muitas clínicas de repouso. Os idosos que têm sucesso são os que ainda têm uma atitude positiva com relação a si mesmos e à sua situação. Certa vez, ouvi um funcionário de uma clínica de repouso dizer que, não raro, pacientes recém-internados, por sentirem-se abandonados e sem poder de escolha quanto à internação, tendiam a se entregar e a morrer antes daqueles que viam a situação como apenas outra fase da vida a ser enfrentada de maneira positiva.
>
> Muitas pessoas escreveram sobre o poder que uma atitude positiva tem sobre a saúde e a boa forma. Muitas equipes médicas dizem que viram uma correlação positiva entre as atitudes das pessoas e a sua capacidade de recuperar-se de doenças como o câncer. Dr. Ernest H. Rosenbaum e Isadora R. Rosenbaum dizem que essas observações levaram a novos estudos sobre a atitude:
>
> "Pesquisadores estão agora experimentando métodos para levar efetivamente a mente a participar do combate do corpo contra o câncer... Alguns médicos e psicólogos agora acreditam que a atitude adequada pode até ter um efeito direto sobre a

> função da célula e, consequentemente, ser usada para inibir, se não curar, o câncer. Esse novo campo de estudo científico, chamado psiconeuroimunologia, concentra-se no efeito que a atividade mental e emocional tem sobre o bem-estar físico, indicando que os pacientes podem desempenhar um papel muito maior em sua recuperação."
>
> Sua atitude tem uma profunda influência sobre seu modo de ver o mundo – e, portanto, sobre o modo como você leva a vida. Atitude é importante. É tão importante que ela realmente faz diferença. Ela não é tudo, mas é uma coisa que pode fazer diferença em sua vida.

É isso. A atitude é essencial e algo que pode ser desenvolvido. Servirá para concursos e para a vida inteira. Passe, a partir de agora, a desenvolver e aperfeiçoar sua atitude. Até porque, como já foi dito, "a felicidade não decorre de um determinado conjunto de circunstâncias, mas de um conjunto de atitudes diante das circunstâncias."

O que sua Atitude Não Pode Fazer por Você

Algumas pessoas têm boas atitudes, são otimistas e acreditam em si mesmas. E acreditam em todas as mensagens otimistas e de autoajuda de amigos e textos agradáveis sobre a vida. No entanto, suas opiniões positivas sobre si mesmas e sua avaliação das próprias habilidades muitas vezes estão fora da realidade. Igualmente, as mensagens otimistas não têm vida própria. É difícil para uma pessoa admitir que está errada, ou que não é tão boa assim, ou admitir que precisa melhorar muito para chegar a algum objetivo. Este item, igualmente abordado pelo autor anteriormente citado, é exatamente para que o leitor reflita sobre sua real situação, não pretendendo que a atitude tenha uma força maior do que aquela (efetivamente enorme) que já tem. Segundo Maxwell: "Você não pode desvincular a atitude da realidade e, com isso, esperar sucesso." O exemplo que ele dá é claro:

> Conheço muitas pessoas que têm uma ótima atitude, mas não são bem-sucedidas. Você não conhece? Quando todas as outras coisas são iguais, a atitude pode fazer diferença, mas ela sozinha não faz isso. Por exemplo, digamos que duas pessoas se candidatem para um mesmo emprego. Uma tem grandes habilidades e talento natural, dez anos de experiência e uma boa atitude. A outra tem uma ótima atitude e nenhuma

experiência. Quem fica com o emprego? Provavelmente aquela que tem melhores habilidades e experiência. Por quê? Porque uma ótima atitude não completa o que falta. No entanto, o que aconteceria se os dois candidatos fossem quase iguais em termos de habilidade e experiência? Neste caso, o que tivesse a melhor atitude ficaria com o emprego facilmente.

Em que situação a atitude não pode fazer diferença?

A atitude faz diferença. É algo a mais; dá uma vantagem. É algo que soma, mas não substitui. Aqui estão algumas coisas que sua atitude não pode compensar:

1 – Sua atitude não pode substituir a competência

Algumas pessoas parecem confundir confiança, que é uma função da atitude, com competência, que é uma função da habilidade. Ou acreditam que uma pode ser substituída pela outra. Mas as duas são claramente distintas. Se você achar que pode fazer algo, isso é confiança. Se puder fazê-lo, isso é competência. As duas coisas são necessárias para o sucesso. Uma ótima atitude pode ajudá-lo como pessoa. Pode deixá-lo mais contente, mais à vontade quando estiver perto de outras pessoas, mais apto para resolver problemas difíceis. Mas não pode ajudá-lo em termos de posição. Se você não puder contar com a competência, então terá problemas.

2 – Sua atitude não pode substituir a experiência

A experiência muitas vezes é um professor rígido, pois o teste é aplicado primeiro e as lições vêm depois. É provável que essa seja a razão para a velha afirmação: "Quando uma pessoa com experiência se encontra com uma pessoa que tem dinheiro, a pessoa com experiência consegue o dinheiro e a pessoa que tem o dinheiro consegue a experiência!"

3 – Sua atitude não pode mudar os fatos

Uma das descobertas interessantes que os pesquisadores fizeram sobre a atitude foi que ela tem um impacto sobre a saúde das pessoas. Um estudo realizado pela Universidade do Texas descobriu que os idosos que tinham uma atitude positiva continuavam mais fortes fisicamente do que os que eram pessimistas. De fato, essa é uma boa notícia. Mas aqui está a má notícia: independentemente de quão boa sua atitude seja, ela não o impedirá de envelhecer. É assim que as coisas vão.

4 – Sua atitude não fica boa automaticamente.[3]

os "Mantras"

> Estamos aqui para viver em voz alta.
> Émile Zola

Os "mantras" começaram a ser citados por mim como uma forma de brincar com a gentil denominação que venho recebendo de "guru" dos concursos. Por outro lado, a repetição de algumas ideias constantemente tem o condão de fazer com que tais ideias se internalizem em nossa mente e rotinas. Como já se dizia desde o romance *1984*, de George Orwell, realmente a repetição é capaz de criar uma "verdade".

O único cuidado é que as repetições sejam de verdades e não de equívocos, mas que a repetição tem força, isso ela tem. Costumo dizer que algumas ideias precisam ser inseridas não só em nossa mente, mas na nossa corrente sanguínea. Eu faço isso constantemente. Por exemplo, lido melhor com algumas perdas que tive na vida repetindo, ao pensar nelas, que "Deus sabe o que faz". Isso me tranquiliza.

Como concurseiro, e depois como maratonista, precisei repetir algumas verdades para que elas funcionassem dentro de minha mente e corpo. Daí, a "brincadeira" dos mantras é algo muito sério. Sugiro que você reflita sobre esses conceitos e princípios e os incorpore ao seu cotidiano mental, emocional e físico. Aí vão eles:

1) "A diferença entre o sonho e a realidade é a quantidade certa de tempo e trabalho."
2) "Concurso não se faz para passar, mas até passar."

3 *Op. cit.*

3) "Concurso público: a dor é temporária; o cargo é para sempre."
4) "Se você tem um plano, vai acabar executando-o; se você não tem um plano, o executado é você."
5) "A vitória se alcança com a conjugação e o equilíbrio da mente com o corpo."
6) "Não há felicidade *delivery*, você precisa ir buscá-la dentro de si mesmo e nas escolhas que você faz."
7) "Estudar e fazer provas não é um obstáculo; estudar e fazer provas é um caminho." (Parafraseando Amyr Klink, que assevera que "o mar não é um obstáculo, o mar é um caminho".)
8) "Quem com concurseiros anda, em concursos passa."
9) "Hoje é um ótimo dia para se estar vivo!"
10) "Se você tentar, poderá dar errado; se você não tentar, nunca poderá dar certo. Se você tentar e não der certo, se for melhorando, um dia dará."
11) "Não importa quão boa é sua desculpa, seria muito melhor não estragar seu sonho por causa dela." (Inspirado em citação de Alan Cooper, webdesigner.)
12) "O futuro é um pouco incerto, mas muito promissor." (Fontenele)
13) "Toda Terra Prometida tem um deserto antes."
14) "O que é do homem, o bicho não come." (Ditado popular)
15) "As pessoas pensam no que não têm, no que nunca terão e perdem o que têm e o que poderiam ter se fossem à luta."
16) "Uma parte da vida é semeadura, outra é colheita. Nunca deixe de fazer as duas todos os dias."
17) "O que mais conta é a regularidade. Mande nos seus dias, não deixe seus dias mandarem em você."

Caso Encerrado

Um livro que li, certa vez, classificava as pessoas em "construtoras" e "não construtoras". O primeiro grupo cria coisas, muda futuros, realiza-se. As pessoas "não construtoras" são as que, por alguma razão, acabam não conseguindo ter metas, ou concretizá-las. Razões para isso existem muitas, claro.

Você, concurseiro, por suas escolhas e atitudes, por estar aqui lendo este livro, certamente faz parte do grupo de construtores. Gostaria que fosse, então, um construtor de primeira linha que não esmorece diante dos desafios que vêm naturalmente. E, de fato, não existe um carimbo de "construtor" e outro de "não construtor" com o qual alguém bata na testa dos recém-nascidos. As pessoas é que vão escolhendo o que se tornarão através de suas atitudes, pensamentos e comportamentos.

A soma de atitudes e pensamentos define os comportamentos e estes definem os resultados. E, claro, somos nós quem definimos, pela escolha ou pela omissão, quais serão nossas atitudes (posturas diante da vida e dos desafios), nossos pensamentos (o primeiro "campo de batalha") e nossos comportamentos (que, no final das contas, são o vetor que muda a realidade material, o mundo externo).

Embora possam existir decisões pontuais, grandes, emblemáticas, em regra o que define os resultados é uma série de milhares de pequenas decisões cotidianas. Colhemos o que plantamos e essa é uma atividade do dia a dia, da rotina que adotamos.

Pois bem, um dos pontos a serem observados para sermos bons construtores, bons realizadores de ideias, bons alteradores da realidade, é a capacidade de dar um ponto final em algumas situações. É a ideia do "caso encerrado".

Segundo o livro *Sucesso Feito para Durar – Histórias de pessoas que fazem a diferença.*[4]

> "Os construtores acabam optando por deixar algo para trás não porque o estejam negando, mas porque devem se manter focados no que estão construindo. Isso não significa que tudo foi perdoado, ou que a dor está completamente curada, ou que todas as injustiças que podem ter sofrido foram ignoradas. Eles tentam reescrever a história ou limpar sua ficha. Tampouco fingem que nada aconteceu. **Eles simplesmente decidem encerrar o caso e seguir adiante. Ficar obcecado com os ressentimentos mantém vivos esses mesmos ressentimentos; deixá-los para trás os obriga a morrer enquanto retomamos nossa vida.**
>
> Alguns chamam isso de 'conclusão' ou 'absolvição', o que, no entanto, implica que há perdão, resolução ou restituição – ou pelo menos uma apologia adequada. Infelizmente, quando acontecem coisas ruins, muito do que ocorre raras vezes é resolvido ou sanado completamente. Mesmo assim, os Construtores encontram um caminho para seguir adiante, de

4 (Jerry Porras, Stewart Emery e Mark Thompson. Porto Alegre: Bookman, 2007).

> forma que possam criar seu futuro. A raiz da palavra 'perdoar' (*forgive*) é deixar para lá – encerrar.
>
> 'Encerrar é uma palavra forte', disse a reverenda Deborah Johnson. 'Quando algo é encerrado, acabou. Quando está encerrado, não se fica voltando ao assunto.' Tal é a forma como as pessoas bem-sucedidas procedem. Elas não chamam isso necessariamente de perdão, mas, com efeito, deixam de fazer da culpa um meio de vida."

É exatamente sobre este tema que trato: encerrar, terminar, finalizar coisas. O trecho acima versa exatamente sobre a capacidade de colocar um ponto final sobre assuntos que incomodam de alguma forma, seja por trauma, injustiça ou revolta. Claro, isso não quer dizer esquecer a lição ou não extrair de acontecimentos ruins ou injustos algum aprendizado ou determinação para mudar o estado das coisas. O que não funciona é ficar se martirizando e vivendo no passado.

Muitas pessoas me escrevem relatando dificuldade em superar acontecimentos de suas vidas, sejam pessoais, sejam profissionais ou financeiros e até em relação a matérias e professores com as quais houve algum trauma. Tudo isso influencia a vida cotidiana e, claro, a "maratona" dos concursos.

Existem vários exemplos, tanto no plano pessoal quanto no plano profissional. No nosso caso específico, juntarei o "profissional" ao pessoal e tratarei em separado do campo da preparação para provas e concursos. Contudo, como sempre digo, as questões pessoais (autoestima, autoconfiança, família, saúde etc.) influenciam decisivamente a questão profissional.

No Campo Pessoal:

- **Exemplo 1** – Um pai ou mãe que perdem um filho e não são capazes de recomeçar a sua vida, como se fazer isso fosse uma traição ao filho falecido.
- **Exemplo 2** – Um empreendedor que perdeu todas suas economias em um negócio ruinoso, ou por ter sido enganado pelo sócio, ou vítima de uma tragédia (incêndio, desastre etc.).
- **Exemplo 3** – Um homem ou mulher não conseguem reconstruir sua vida após uma separação, divórcio ou traição.
- **Exemplo 4** – Uma pessoa não consegue seguir adiante após algum fato muito desagradável, como uma humilhação pública ou uma

demissão injusta. Conheço casos de pessoas cujas vidas ficaram literalmente paradas aguardando, por exemplo, um processo judicial cível ou trabalhista que, em tese, iria reparar a injustiça sofrida. Contudo, não estavam sendo capazes de deixar o processo andar e ir cuidar de suas vidas. E, com a morosidade do Judiciário, imagine o quanto problemático é deixar a vida parada até que um processo se resolva, já que todos sabem que isso pode demorar anos, até décadas.

No Campo dos Concursos, existem vários tipos de "traumas":

- **Exemplo 1** – as reprovações (especialmente as injustas ou por poucos décimos), o que vai se agravando caso a pessoa comece a demorar a passar ou a ter reprovações em muitos concursos seguidos. Isso é tanto mais grave quanto menos a pessoa tiver a noção de que os concursos são um projeto de médio a longo prazo.
- **Exemplo 2** – pessoas que passam, mas não estão entre os classificados. Ficam em 150.000, 20.000, e acham que nunca chegarão à zona de chamada. Bem, nesse concurso não, mas nos futuros isso irá acontecer desde que continue a melhorar, ainda mais sabendo que os que estão sendo aprovados não voltam para fazer de novo o mesmo concurso.
- **Exemplo 3** – Pessoas que passam entre os classificados ou em classificação que permita ser chamado no prazo do edital, mas que não são convocadas imediatamente. Nessas hipóteses, passam muito tempo numa angústia sobre se "dará tempo ou não" de ser chamado. O pessoal em cadastro de reserva também sofre com essas dúvidas. Embora seja útil fazer concurso para "cadastro de reserva", a ansiedade sobre eventual chamada ou não pode ser ruim se não for controlada.
- **Exemplo 4** – Pessoas que são aprovadas honestamente em um concurso e o mesmo é anulado por fraude, ou que ouvem boatos (às vezes não é só boato, infelizmente) de fraude no concurso.
- **Exemplo 5** – Pessoas que estão estudando seriamente para concurso, com antecedência, às vezes tendo largado o emprego, e que são "atropeladas" por medidas e anúncios governamentais de que não haverá concurso aquele ano ou para aquele cargo.

Vamos começar pelos casos pessoais: separações, prejuízos, falências, traições, doença e morte são fatos corriqueiros da vida. Por mais dolorosos que seja, e são, seria imaturidade esperar passar pela vida sem sermos alcançados por esses acontecimentos. Eles simplesmente fazem parte do viver. Todo mundo passa por isso.

É preciso se lembrar que o melhor conceito de felicidade lembra que ela não decorre das circunstâncias, mas da nossa atitude diante das circunstâncias. Se você passou por situações como essa, lamento, mas... bem-vindo ao planeta, à realidade.

Fui traído muitas vezes, quebrei negócios por culpa minha, por culpa de sócios, por culpa do governo, minha mãe morreu de câncer, não realizei muitos de meus sonhos... é, eu também coleciono revezes. Mas sei que ficar parado se lamentando não adianta, é preciso, como se diz, "levantar, sacudir a poeira e seguir em frente". Em resumo, amigo, não adianta ficar se lamentando ou "chorando sobre o leite derramado".

No caso das provas, todos os exemplos mencionados fazem parte do chamado "sistema do concurso público". Por mais que a Administração Pública, o Ministério Público, o Judiciário, a Imprensa, a Sociedade procurem melhorar o sistema, sempre haverá falhas. A solução sempre é continuar estudando, fazendo as provas, se aperfeiçoando e seguindo em frente. Sempre haverá vaga para quem faz isso, para quem "fica na fila", para quem faz sua parte.

Em meu livro *A Arte da Guerra para Provas e Concursos* digo que "o único concurso em que você não pode ser reprovado é o último que você for fazer", em um dos meus mantras, abordados no próximo tópico, reforço ainda que "concurso não se faz para passar, mas até passar" e que "a dor é temporária, mas o cargo é para sempre".

No caso dos concursos adiados, por exemplo, serão beneficiados os que, não se deixando desestimular, continuarem estudando com seriedade e regularidade. Quando o concurso chegar eles serão os mais bem preparados, lá na frente da "fila".

As reprovações, e até mesmo algumas injustiças, fazem parte do percurso dos concursos públicos. A aprovação, nomeação e posse para quem for até o fim, idem. O que se deve fazer no caso de uma decepção – uma eventual reprovação ou uma classificação ruim – é encerrar este capítulo e continuar os estudos. Da prova passada leve apenas a experiência para a próxima! Deixe de lado a frustração e o desânimo.

Não desperdice energia emocional, psíquica, com o que já passou e não volta mais. Para sua vida melhorar, junte o que tem hoje (no agora, não no ontem) e vá em direção ao futuro.

Aprenda com o passado, seja grato por ele e também pelo que tem hoje. Todas as perdas e dificuldades são grandes professores que podem ensinar como agir melhor no futuro.

A vida "é como um vapor que aparece por um pouco e logo desaparece". Por isso mesmo, crie um carimbo mental de "caso encerrado" para usar quando for necessário. Eu não sei onde você precisa bater esse carimbo... mas você sabe.

Encerre alguns "casos" para ter tempo e energia para cuidar da sua vida e do seu futuro.

Vou citar mais um pouco do livro:

> Agora, há uma coisa engraçada com essa ideia de encerrar o caso. Quando você está em um tribunal e em algum momento o juiz diz "caso encerrado", isso não significa que o caso deixa de existir. Ainda existirá um registro dele nos livros. Mas o que irá acontecer é que não continuaremos tratando desse caso especificamente. Encerrado não significa que todas as partes envolvidas concordem com a resolução. Tampouco significa que não ocorreu um crime. Quando o juiz encerra o caso, é porque não haverá mais processo a partir desse ponto. "Acabou", insistiu ela.
>
> Queremos construir visando ao sucesso ou persistir no conflito? Em qual dessas escolhas as pessoas extraordinariamente bem-sucedidas investem no longo prazo? Será que elas passam seus dias comprometidas a criar *conflitos feitos para durar*, ou um *sucesso feito para durar*? Quando nos dispomos a deixar algo para trás, o ciclo é quebrado e ganhamos a liberdade. Caso encerrado.
>
> "O que isso exige, na maior parte das vezes, é que deixemos para lá a história do que aconteceu e nossa ligação com ela. De fato, quando deixamos tudo para rãs, partimos livres para o futuro. Compreendemos que somos maiores do que aquilo que nos aconteceu", sustenta a reverenda.

Criando o carimbo mental do "caso encerrado" e utilizando-o, você estará se ajudando. Como aponto em meu livro *Como Passar em Provas e Concursos*, você deve aproveitar seu aliados, afinal, ninguém vence sozinho. E o seu principal aliado é você mesmo! Conhecer-se é fundamental para adequar-se à rotina de estudos. Muitas vezes, será preciso abrir mão de festas, hábitos e excesso de contato com amigos, o que também pode ser uma hipótese de "dar casos por encerrado". Tenha um limite saudável para o lazer e o que passar disso é... "caso encerrado".

Se quiser, converse abertamente com seu cônjuge e/ou sua família sobre seus planos, sobre como o apoio deles pode ser importante para você. Além disso, encerre alguns assuntos e toque a vida para frente.

O budismo cita o princípio do vácuo, no qual é preciso criar espaço para que coisas novas surjam. Para isso, é preciso jogar fora aquilo que é "velho". A Bíblia também usa uma metáfora, a das roupas: "*quanto ao trato passado, vos despojeis do velho homem, que se corrompe pelas concupiscências do engano; E vos renoveis no espírito da vossa mente; E vos revistais do novo homem (...)*" (Efésios 4.22-24). Jesus chegou a dizer que não se coloca vinho novo em odres velhos. Um novo tempo precisa de um novo espaço, roupa, acondicionamento, atitude.

Sugiro, portanto, que você crie espaço para as coisas novas, que se liberte do passado e comece a apreciar melhor o presente e a semear melhor o futuro. O carimbo de "caso encerrado" não deve tirar o "caso encerrado" do seu arquivo de vida e de aprendizado, mas pelo menos o tira da mesa de trabalho. É como uma carga que você deixa de levar sobre seus ombros.

Limpe a "mesa", fique mais leve e boa sorte, sempre.

Você é quem decide o que vai ser eterno em você, no seu coração.
Deus nos dá o dom de eternizar em nós o que vale a pena, e esquecer definitivamente aquilo que não vale...
Pe. Fábio de Melo

PAZ DE ESPÍRITO

Muito relacionado ao item anterior, ter paz de espírito é imprescindível para quem está se preparando para concursos. Bater o carimbo de caso encerrado, nesse sentido, é indispensável, mas há outras coisas que podem ser feitas para assegurar a paz de espírito. Não pense que por estar vivendo um grande desafio você "precisa" ficar estressado ou não pode ter paz. Ao contrário, quanto mais desenvolver sua serenidade diante do cotidiano cheio de tarefas, maior será sua performance.

Uma das formas para ter paz de espírito é manter um bom ambiente familiar e de trabalho. Se você tem uma grande tarefa a realizar, ou uma série delas, procure criar um ambiente de trabalho ótimo[5]. Para isso, evite transferir sua vida pessoal para o seu trabalho. Ou o contrário. Seus colegas de trabalho não são, necessariamente, seus confidentes e nem é muito profissional utilizar esse espaço para buscar aconselhamento sobre questões pessoais (o mesmo se aplica para o colega de trabalho. Se você for abordado, procure esclarecer que está focado em sua atividade). Busque sempre *feedback*. Nada pode ser mais prejudicial em um ambiente de trabalho do que um profissional que se recusa a receber ou absorver o retorno do cliente, dos companheiros, dos superiores. Se você não está acostumado a receber e analisar os *feedbacks* recebidos em seu trabalho, passe a fazer isso. Trata-se de um passo importante não apenas para seu trabalho, mas também para os estudos... São os ajustes (já mencionados anteriormente).

Muito do que foi dito em relação ao trabalho se aplica também em seu ambiente familiar, mas me aterei na importância de construir um relacionamento sadio com seus entes queridos. Diálogo, sem dúvida alguma, é a palavra de ordem quando se fala em família. Se sua família não te apoia em sua jornada ou se tem dúvidas sobre como deve proceder para apoiá-lo, conversar pode ser a chave para solucionar esse problema. Com um pouco de diálogo é possível transmitir aos seus entes queridos seus objetivos e metas e, com isso, envolvê-los no projeto.

Costumo dizer que, às vezes, é melhor ser feliz a ter razão, às vezes é melhor recuar em uma briga ou discussão para poder manter (ou conquistar) a paz de espírito tão almejada. Se for um assunto frívolo, fatalmente a pessoa irá reconhecer rapidamente seu erro, mesmo que não admita. Se for um tema mais profundo ou mais sério (algo que possa impactar em seu relacionamento conjugal, por exemplo), você irá demonstrar que está disposto a ceder mantendo-se ao lado da pessoa, atuando como sua aliada, mesmo nos momentos mais difíceis.

Resumindo, procure sempre caminhos que garantirão uma consciência tranquila e sua paz de espírito, pois isso será muito vantajoso em seu preparo emocional, na compreensão das matérias e na aplicação da PNL para seus estudos.

---

5 Falo mais detidamente sobre esse tema em meu livro *25 Leis Bíblicas do Sucesso* e sua continuação, *25 Leis Bíblicas da* Sociedade com Deus.

INVEJA

Inveja, Desespero e outros Assuntos Humanos, Nacionais e "Concursândicos"

> Não é a vida que passa rápido, somos nós que não sabemos aproveitá-la a tempo.
>
> Sêneca

A abordagem da inveja é resultado de um e-mail recebido. Já havia falado contra a inveja no *Como Passar em Provas e Concursos*. Depois, falei sobre a inveja no *A Maratona da Vida – Um Manual de Superação Pessoal*, quando falei sobre corridas e superação de dificuldades pessoais. Por fim, me deparei com a repreensão à inveja feita no ótimo livro *Os Segredos da Mente Milionária*, onde o autor, ao ensinar o leitor a mudar sua mente e enriquecer, recomenda que se abandone a inveja. Como a inveja pode atrapalhar objetivos tão diferentes? Não se preocupe tanto com essa resposta. Como dizia Einstein, a formulação da pergunta pode ser mais importante que a resposta. A pergunta correta é: "Para que ou por que vou sentir inveja?", ou, talvez: "Que utilidade ou benefício a inveja traz para mim?"

Se estamos tocando no ponto "sucesso" ou "resultados", é preciso tocar no assunto: "evite ser uma pessoa invejosa", pois a inveja atrapalha. Para falar dela, vou citar o e-mail que recebi:

> Olá amigo, seu livro tem me ajudado muuuuuito mesmo. Eu já escrevi para você num momento de desespero quando reprovei na prova física de um concurso no Espírito Santo. Mas aquele concurso até hoje não deu em nada para ninguém!!! Hoje estou estudando feliz da vida e cheio de esperança para passar no TRF 2ª Região!!! Um grande abraço e paz do Senhor. X"
>
> Agora, minha resposta:
>
> "X:
>
> Reprovações são parte do processo. Anime-se. E torça para que o concurso do Espírito Santo funcione para quem já

passou, é melhor assim. O seu virá em breve, na hora certa. Espero que o desespero não te alcance mais. Você não merece. Não deixe, então. Estude para o TRF, treine etc., siga o livro. Mas faça outros concursos também. Estou orando por você. Boa sorte e mande notícias. Abraço fraterno e paz!

William Douglas

Muito bem, vamos a alguns comentários:

Pode ser que o amigo tenha falado “Mas aquele concurso até hoje não deu em nada para ninguém!!!” apenas se consolando no sentido de não sofrer com a reprovação já que não seria chamado mesmo. Mas a sensação que tive foi o velho “se não é meu, não vai ser de mais ninguém”, que já resultou em tantos julgamentos no Tribunal do Júri. E isso me motivou a trocar ideias sobre o assunto. Primeiro, esse sentimento de mágoa, raiva, em relação a uma reprovação é normal em um primeiro momento, mas tem de passar. As reprovações devem ser vistas como parte natural do sistema e como fontes de aprendizado. Não devemos ter ressentimentos, mas sim aprender com eles. No caso, ainda pode ter havido um sentimento de inveja (ou outro nome melhor) em face dos que passaram. E não pensem que é só pessoa “malvada” que tem isso.

Os momentos de mesquinharia ou sentimentos não nobres aterrorizam a todos, não apenas a alguns. Não deve ser de sua época, mas na minha havia um desenho animado infantil chamado de “Bom-Bom e Mau-Mau”. Engraçadíssimo, mas preconceituosíssimo também. O Bom-Bom era o típico anglo-saxão, alto, loiro, atlético e sorridente, bonzinho e cavalheiro toda vida. E o Mau-Mau era baixinho, feio, moreno, mais ou menos um Danny DeVito mexicano, e só fazia canalhice. Claro que era um enlatado norte-americano. Mas o conceito continua: existem pessoas boas e pessoas más. E isso, colegas, é uma grande tolice. Existem pessoas, apenas. O Bom-Bom e o Mau-Mau estão dentro de nós. Como já foi dito, são dois cachorros e vencerá esta batalha aquele que deixarmos, alimentarmos, que soltarmos da casinha e levarmos para a rua.[6]

Então, dito isso, veja o eventual momento mesquinho e de ira de nosso colega como algo que qualquer um de nós sente, se não tomarmos cuidado. E, se sentir, será preciso racionalizar e tratar. Eu, declaro logo, já tive vários momentos de baixeza, mesquinharia, gestos equivocados etc. Não sou santo (para quem gosta de assuntos religiosos, me considero salvo,

6 (Se quiser ler mais sobre "Bom-Bom e Mau-Mau", veja minha página, www.williamdouglas.com.br).

mas não santo). Nos estudos do PEPP – Programa de Enriquecimento Pessoal Progressivo, que quero compartilhar em breve com os servidores públicos (sim, você vai passar e vamos falar de como ficar ainda mais rico!), tenho estudado administração financeira. Acredite: bons livros sobre como enriquecer financeiramente falam a mesma coisa que meu bom e velho *Como Passar em Provas e Concursos*, de 1998 (e, modéstia à parte, ainda o mais completo livro sobre o tema). Ou seja: estamos lidando com o mesmo conhecimento. E ele inclui o seguinte: não inveje, não torça contra, não se alegre quando alguém se dá mal, alegre-se com o sucesso dos outros, mesmo o de seus inimigos. Deseje o bem. Tudo o que você faz retorna para você. O que você imagina, acontece. O que você visualiza, programa sua mente. Se um concurso no Espírito Santo não deu certo, isso é ruim! O sistema concurso público é uma bênção, algo bom, uma oportunidade, e tem vários inimigos, como o nepotismo, a incompetência administrativa, a fraude etc. Daí, precisamos trabalhar para que o sistema melhore. E ele melhora quando funciona bem. Daí, minha frase em resposta ao colega: "E torça para que o concurso do Espírito Santo funcione para quem já passou."

Esse é um ponto importante: **se você quer se sair melhor mental e fisicamente, emocional e intelectualmente, se você quer passar em concursos**, siga um conselho: não deseje mal, não torça contra, não olhe para quem está melhor que você e sofra. Faça o seguinte: deseje o bem, torça a favor, olhe para os caras que estão à sua frente e anime-se a perseguir sua melhoria pessoal. Se você fizer isso, seu desempenho global será extremamente aperfeiçoado. E esse conhecimento que informo aqui (e que se for aplicado por você se transformará em sabedoria) serve para tudo, de concursos a sexo, de riqueza financeira (a mais tosca forma de riqueza) até a riqueza espiritual (a mais evoluída das formas de riqueza).

Mas se você quiser focar apenas nos concursos, tudo bem: o desempenho em concursos é afetado pela sua emotividade, e o seu desempenho intelectual é afetado pelas imagens, positivas ou negativas, que você tem na mente. Isso é uma lei natural. Não muda, assim como a lei da gravidade. Ou você se comporta de acordo com ela e obtém vantagens, ou não acredita nela e tem problemas. Se você não acredita na lei da gravidade, camarada, experimente pular de um prédio sem paraquedas. Se você não acredita que seus sentimentos, emoções e imagens mentais não influenciam, tudo bem, mas vai "bater no chão" do mesmo jeito, apenas o tombo leva mais tempo.

Senhores, o que estou colocando aqui é ensinado por todas as doutrinas religiosas e boa parte das doutrinas filosóficas: a lei do retorno. A programação neurolinguística, o Método Silva, os estudos psicológicos, as experiências e pesquisas, tudo diz uma coisa só: aquilo que você deseja acontece; aquilo que você faz (e deseja para os outros) retorna para você multiplicado. Posso assegurar a vocês, já quase chegando aos quarenta anos, que até aqui tudo o que vivi tem confirmado o quanto esse conhecimento é verdadeiro, o quanto ele funciona na prática. Assim, cuidado com o que deseja. Acontece para você e para o planeta. E queira o bem dos concurseiros, mesmo que não seja você, e do sistema concurso como um todo. É melhor assim.

Nos meus estudos sobre arte militar, guerras e combates corpo a corpo, aprendi isto: o grande guerreiro não sente ira, ele é sereno. Na arte da guerra para concursos, seja um guerreiro sereno, em estado de graça e harmonia. Funciona.

O colega "X" ainda falou de esperança em passar no concurso do TRF da 2ª Região. Eu também espero isso. Mas relembro: "Concurso se faz não para passar, mas até passar", que é um dos "mantras" e, outro: "A dor é temporária, o cargo é para sempre." Relembrado isso, torço, espero e oro para que seja logo. Mas gosto de esperança com sal, com trabalho. Esperança isolada de trabalho e esforço tem outro nome: "ilusão". A esperança funciona quando é parte de um conjunto de atitudes e comportamentos.

Para concluir, também disse ao colega:

"Espero que o desespero não te alcance mais. Você não merece. Não deixe, então."

Você pode ter momentos difíceis, momentos de desânimo etc., e há fórmulas para lidar com essas ocasiões. Mas... desespero, não. Desespero é falta de esperança, de ter para onde ir. Há pessoas sem oportunidades, estudo, portas a serem abertas, pessoas profundamente adoentadas do corpo ou da alma, pessoas sem instrução alguma. Essas pessoas podem ficar desesperadas. Mas um concurseiro não. Um concurseiro tem portas para abrir, como disse. Não tem o direito de ficar desesperado, até por que isso atrapalha o desempenho.

Por fim, quando você passar, aí então terá, além das justas retribuições do cargo, poder na mão para fazer alguma coisa pelos desesperados desse imenso país. Qualquer que seja o seu cargo, você poderá tornar esse país mais justo e decente, a partir de seu metro quadrado de serviço público, acredite. Isso é revolucionário.

O coração em paz dá vida ao corpo,
mas a inveja apodrece os ossos.
Provérbios 14.30

O CORPO

Embora não queira me aprofundar nesse assunto aqui, deixe-me reforçar uma certeza: ninguém passa em concursos, nem sobrevive, sem ter um corpo em razoável estado de funcionamento. Sem ele, simplesmente seu cérebro e sua inteligência não vão funcionar. Não acho razoável se falar em PNL para concursos e não alertar ao leitor que os neurônios não vivem em um sistema dicotomizado, diferente e distante do corpo.

É extremamente comum que concursandos sejam sedentários, prejudicando gravemente sua qualidade de vida, sua saúde e sua capacidade de estudo e de resistência mental, emocional e física ao esforço de viver a vida e ainda se preparar para a aprovação nos concursos. Isso é um grande erro, que deve ser corrigido imediatamente.

Sem saúde, sem resultados. Não adianta sacrificar a saúde para ter mais tempo para estudar, pois isso é o que eu chamo de "comportamento bomba-relógio". Evite gastar tempo demais com atividades físicas e lazer, mas não caia no equívoco oposto, que é sacrificar demais ou eliminar essas atividades. Elas são necessárias para seu bem-estar, autoestima e saúde.

Logo, pense nisso para que seu cérebro funcione melhor. *Mens sana in corpore sano*, já foi dito e será aprofundado no Capítulo 11. Se você está sedentário, visite minha página e participe do WDPTS. Em poucas semanas, você experimentará um enorme ganho de rendimento e resultados gerais como pessoa e como estudante.

SAÚDE

Falamos em "corpo" e agora vamos um pouco mais fundo: "saúde". Afinal, saúde é algo que abrange tanto o corpo quanto o cérebro e o equilíbrio emocional. Como diz Robert Wong, se você não tem sucesso na área "saúde", não estará vivo para aproveitar nenhum outro tipo de sucesso. Ou seja, estar bem nesse quesito é um pré-requisito dos demais.

O propósito deste livro não é tratar de como manter a saúde, senão a mental, de modo que não nos aprofundaremos nesse assunto. Contudo, queremos mencionar algumas pesquisas importantes sobre esse tema.

A manutenção da saúde pode ser potencializada por instrumentos pouco valorizados por boa parte da atual ciência médica. De acordo com o respeitado médico psiquiatra e pesquisador David Servan-Schreiber:[7 e 8]

> A grande conexão
>
> (...)
>
> Estudos a respeito das pessoas que são mais felizes apontam sistematicamente para dois fatores: elas têm relacionamentos emocionais estáveis e íntimos com os outros e estão envolvidas na comunidade em que vivem.[9] Nós já falamos longamente sobre relacionamentos emocionais, mas e os elos sociais mais abrangentes?
>
> Estar envolvido na comunidade significa dar de si e de seu tempo por uma causa que não oferece nenhum benefício material. Essa busca é uma das atividades mais eficazes quando procuramos mitigar o sentimento de vazio que, em geral, anda de mãos dadas com a depressão. E, felizmente para nós, não temos de arriscar nossa vida ou participar da Resistência para colher esses benefícios.
>
> Levar um pouco de luz para a vida de idosos que estão enclausurados; trabalhar em um abrigo para animais;

---

7 SERVAN-SCHREIBER, David. *Curar*: o stress, a ansiedade e a depressão sem medicamento nem psicanálise. São Paulo: Sá Editora, 2004. Servan-Schreiber (1961-2011) foi diretor do Centro de Medicina Complementar da Universidade de Pittsburgh. Doutor em ciências neurocognitivas pela Universidade Carnegie Mellon. Atuou na organização "Médicos sem Fronteiras" e teve sua tese de doutorado publicada na revista *Science*.

8 Por sua importância, incorporamos as referências bibliográficas desse autor às nossas notas.

9 Myers, D. G.; Diener, E. "The Pursuit of Happiness", *Scientific American*, 274 (1996):70-72; Argyle, M. *The Psychology of Happiness*. 20. ed. Nova York: Routledge, 2001. Nota e referência bibliográfica extraídas da obra de Servan-Schreiber citada, nota n. 1.

ser voluntário na escola do bairro; participar de grupos comunitários ou de sindicatos – todas essas atividades nos retiram de nossas pequenas esferas pessoais e nos fazem sentir unidos às esferas dos outros. E, no fim, nós nos sentimos menos ansiosos e menos deprimidos. O fundador da sociologia moderna, Émile Durkheim, foi o primeiro a demonstrar isso. Há cem anos, em sua obra-prima *Suicídio*, ele mostrou que as pessoas menos 'integradas' em suas comunidades são, na maioria das vezes, aquelas que cometem suicídio.[10] Mais recentemente, sociólogos modernos concluíram que as pessoas que participam em atividades comunitárias não apenas são mais felizes, como também gozam de melhor saúde e vivem mais. Um estudo publicado no *American Journal of Cardiology* confirma tal descoberta. A pesquisa diz respeito a um grupo de idosos pobres. Descobriu-se que, nas mesmas condições de saúde, a taxa de mortalidade daqueles que fazem trabalho voluntário dedicado aos outros é 60% menor do que a dos que o não fazem.[11]

Os efeitos do trabalho voluntário sobre a saúde também foram analisados em *Science*, a revista científica mais conhecida, em um estudo que revela que atividades voluntárias podem ser uma salvaguarda ainda melhor do que o desafio de manter a pressão arterial baixa, o colesterol baixo ou deixar de fumar.[12] O prazer de estar ligado aos outros, o sentimento de envolvimento em um grupo social, é um remédio notável para o cérebro emocional e, em decorrência, para o corpo.

O psiquiatra austríaco Victor Frankl sobreviveu aos campos de concentração nazistas. Em seu tocante livro *Man's Search for Meaning* [traduzido para o português como *Em busca de sentido*], baseado em sua experiência, ele explica o que possibilitou a alguns prisioneiros se manterem vivos, apesar

10 Durkheim, E. Le Suicide. *Une étude sociologique.* Paris: Alcan, 1897. Nota e referência bibliográfica extraídas da obra de Servan-Schreiber citada, nota n. 2.

11 Zuckerman, D. M.; Kasl, S. V. *et al.* "Psychosocial Predictors of Mortality Among the Elderly Poor", *American Journal of Cardiology*, 119 (1984):410-423. Nota e referência bibliográfica extraídas da obra de Servan-Schreiber citada, nota n. 3.

12 House, J. S.; Landis, K. R. *et al.* "Social Relationships and Health", *Science*, 241 (1988):540-545. Nota e referência bibliográfica extraídas da obra de Servan-Schreiber citada, nota n. 4.

de tudo.[13] Suas observações não têm nenhum valor científico; entretanto, suas conclusões são similares às descobertas feitas por estudiosos do assunto. A sobrevivência em um mundo frio indiferente nos força a encontrar significado na existência, a nos ligarmos a algo. Trata-se de um conselho muito parecido com aquele pelo presidente Kennedy; o famoso conselho dele é que, em circunstâncias desesperadoras, devemos perguntar não o que a vida pode fazer por nós, mas sempre, ao contrário, o que nós podemos fazer pela vida. Esse ponto de vista pode simplesmente significar fazer a nossa parte com mais generosidade, mantendo em mente como isso contribui para melhorar a vida dos outros. Ou pode significar, ainda, dar um pouco mais de nosso tempo, uma vez por semana, a uma causa, um grupo, a uma pessoa ou mesmo a um animal de que gostamos.

Madre Teresa foi, provavelmente, a inconteste campeã da caridade no século XX. Ela disse: "Não procure ações espetaculares. O importante é a doação pessoal. O importante é a qualidade do amor envolvido em suas ações".[14] Nem é necessário estar perfeitamente à vontade para ser capaz de se doar. O psicólogo Abraham Maslow foi o fundador de uma nova escola de psicologia conhecida como "Movimento de Potencial Humano". No fim de seu estudo sobre indivíduos saudáveis, psicologicamente equilibrados, ele concluiu que o último estágio do desenvolvimento pessoal é alcançado quando o sujeito "realizado" começa a se voltar para os outros. Ele fala até em se tornar um "servo" e insiste na importância do autopreenchimento. "A melhor maneira de se tornar um melhor auxiliar é se tornando uma pessoa melhor. Mas um aspecto necessário para se tornar uma pessoa melhor é ajudando outras pessoas. Assim, uma pessoa pode e deve fazer as duas coisas simultaneamente."[15]

---

13 Frankl, V. E. *Man's Search for Meaning*: An Introduction to Logotherapy. Nova York, 1976. Nota e referência bibliográfica extraídas da obra de Servan-Schreiber citada, nota n. 5.

14 Madre Teresa apud Walsh, R. (1999), *op. cit.* Nota e referência bibliográfica extraídas da obra de Servan-Schreiber citada, nota n. 6.

15 Abraham Maslow apud Walsh, R. (1999), *op. cit.* Nota e referência bibliográfica extraídas da obra de Servan-Schreiber citada, nota n. 7.

> Um século depois de Durkheim, trinta anos depois de Frankl e Maslow, estudos modernos em fisiologia já confirmaram seus *insights* e observações. Quando um computador mede a coerência cardíaca, observamos que o modo mais simples e mais rápido de o corpo estabelecer coerência é vivenciando sentimentos de gratidão e carinho pelos outros.[16]

Em suma, nossa proposta é que seu planejamento de sucesso envolva não somente as atividades tipicamente intelectuais, mas também cuidados com atividades físicas, relacionamentos saudáveis e, tanto quanto possível, algum tipo de serviço a terceiros. Isso, aparentemente, diminuirá o "tempo disponível" para o estudo, mas aumentará sua produtividade, resistência física e resistência emocional, e até mesmo o tempo de vida útil no mundo. Você terá mais tempo para alcançar, potencializar e aproveitar as diversas modalidades de sucesso disponíveis a uma pessoa sábia.

---

16 McCraty, R.; Atkinson, M. *et al.* "The Effects of Emotions on Short-term Power Spectrum Analysis and Heart Rate Variability", *American Journal of Cardiology*, 76, n. 14 (1995):1089-1093. Nota e referência bibliográfica extraídas da obra de Servan-Schreiber citada, nota n. 8.

Capítulo 12

Equilíbrio emocional, relacionamentos e aumento de desempenho

EQUILÍBRIO

A saúde, já abordada, e o equilíbrio emocional, que trataremos aqui, são necessários para que a pessoa possa empreender seus projetos. Pois bem, motivado pela necessidade de manter a saúde, um dos recursos foi me render ao Pilates. Depois de um período de rejeição e implicância, me curvei à eficácia do método. A técnica está me trazendo, admito, muitos benefícios! Sua análise traz lições para quem estuda para concursos.

Inicialmente, registro que a mudança do estúdio e da professora fizeram muita diferença. Às vezes, é preciso mudar de curso, professor ou livro para vencermos alguns obstáculos que, aparentemente pessoais, podem ter sua gênese no método do curso ou professor. Embora seja uma hipótese corrente, nem sempre isso significa que o curso e/ou o professor sejam ruins. Trata-se apenas de uma questão de afinidade, empatia.

Um dos exercícios do Pilates – o que me inspirou a escrever primeiro um artigo para o UOL, onde sou colunista, e a acrescentar este tema ao presente livro – é realizado com um disco inflável. Consiste em o aluno ficar em pé sobre uma base de borracha, com algum ar no seu interior, em formato de disco. Imagine um disco com o diâmetro de uma bola de basquete, entre 10 e 12 centímetros de altura, sem que esteja totalmente cheio de ar. O resultado é que, por ser praticamente uma bexiga com ar pela metade, ficar ali em cima gera uma boa dose de desequilíbrio. Não bastasse isso, o professor (no meu caso, a professora) fica a uns dois metros de distância arremessando duas bolas, uma atrás da outra, para que sejam agarradas e devolvidas. Tudo isso sendo feito em cima daquela base "bamba", claro!

O início, como todos os inícios, é enjoadíssimo, mas com o tempo pega-se o jeito e é possível cumprir a "missão" dada pela professora. O segredo para se equilibrar é manter a postura correta e estabelecer o centro de equilíbrio, o que exige enorme reprogramação, ao menos para pessoas que, como eu, por décadas não cuidam desse importantíssimo aspecto da vida.

Pois bem, aos poucos percebi melhoras em mim e até recebi elogios da professora. A base não mudou, muito menos a rotina, frequência e modo de lançamento das bolas em minha direção. Porém, eu estava mais equilibrado e, acredite, tranquilo! A mudança não foi externa, mas interna. Veio de dentro de mim. A professora explicou que tudo havia melhorado, pois minha postura estava mais ereta.

Antes de mais nada, a verdade é que quando alguém começa a se abaixar demais e olhar para baixo, a aceitar vaticínios pesarosos e contrários, as coisas pioram. Ficar ereto ajuda a mudar esse quadro.

A grande aplicação dessa metáfora é a manutenção do próprio eixo, o eixo central, é a verticalidade. Assim como no exercício de Pilates, a vida – não somente nos concursos, mas em qualquer desafio – pede que você ache seu eixo. Quando ele está identificado e no lugar, a pessoa encontra equilíbrio e isso muda tudo.

O que define nossa capacidade de andar sobre um terreno instável não tem nada a ver com o terreno! O que define a marcha não é a natureza do terreno, mas a natureza do caminhante. Uma pessoa "torta", mesmo com o chão estável, vai mancar. Uma pessoa equilibrada, porém, caminha bem no terreno fofo ou irregular. E é fato: a vida é repleta de terrenos irregulares, instáveis, pantanosos, com buracos, brita...

Em suma: o que define sua capacidade de caminhar em direção aos sonhos não é o terreno, mas sua verticalidade. Se perder o eixo, você entra em caos. E com o caos, as coisas não andam, sua vida não progride, talvez você nem sequer veja esperança ou sentido. E, provavelmente, você impute tudo isso ao cenário em que se desenvolvem suas lutas. Posso dizer que o problema não é o cenário: é você! Eis uma notícia maravilhosa: quando a solução dos nossos problemas não reside na mudança do cenário, que depende de terceiros, isso significa que temos em nossas mãos a capacidade de mudar nossa história.

As pessoas, em geral, ficam torcendo para que o ambiente mude e se torne favorável a seus planos, mas, na maioria das vezes, o caos externo é um sintoma da falta de harmonia interna.

Não sei como está sua vida pessoal. Talvez haja caos e instabilidade. Provavelmente turbulência e muito balanço ou, quem sabe, esteja difícil pegar todas as bolas e devolvê-las de forma adequada, que não atrapalhe o jogo. Mas estou certo de que se você encontrar seu eixo e sua verticalidade, o equilíbrio interno decorrente ajudará sobremaneira.

Quanto à situação atual do país, ela é a mesma para todos. Apesar de características pessoais e de cada história, a questão do concurso é a mesma para todos os candidatos, assim como o número de vagas e as matérias de provas. Em resumo: todos terão de vencer o mesmo desafio. E será melhor aquele que estiver mais ereto quando o tema for estudo, treino e preparo emocional. Claro que uma pessoa pobre terá mais dificuldades que a rica, e alguém com TDAH (Transtorno de Déficit de Atenção e Hiperatividade) ou dislexia mais desafios que alguém que não porte essas características. Porém, no geral, o que define o resultado não é o tipo de terreno onde você se move, mas sua verticalidade.

Como você sabe, sou estudioso das técnicas de Sun Tzu, autor do livro *A Arte da Guerra*, a partir do qual escrevi a obra *A Arte da Guerra para Provas e Concursos*. Em sua imensa sabedoria, que atravessou 2500 anos, Sun Tzu já dizia: "Comandar muitos é o mesmo que comandar poucos. Tudo é uma questão de organização. Controlar muitos ou poucos é uma mesma e única coisa. É apenas uma questão de formação e sinalizações", ou seja, a questão não é o tamanho ou a quantidade de problemas, mas como você se organiza. Ele também dizia que "Sem equilíbrio e harmonia não pode haver formação de batalha", logo, de certa forma, ele e minha professora de Pilates fazem parte da mesma escola.

Como encontrar nosso eixo? O primeiro passo é estar atento a ele. O segundo é encontrar (e ele está em algum lugar) nosso eixo de serenidade. Se você parar e refletir, se olhar para os lados e, de forma honesta, se comparar com o resto da humanidade, provavelmente, vai descobrir muita coisa boa em sua vida. Sugiro fazer uma lista de coisas boas e aquelas pelas quais vale ter gratidão. A gratidão pode ser à vida, ao destino, a Deus, aos pais ou até mesmo à sorte. O importante é listar aquilo pelo qual você deve ser grato (ou grata)! Em seguida, faça a lista dos sonhos, o mural dos planos. Anote tudo... Se quiser, insira fotos ou imagens nesse espaço fantástico de motivação, que é o cartaz de tudo o que você almeja. Planejamento básico e simples inclui registrar onde você está, para onde quer ir e quais caminhos e estratégias você pode usar para chegar lá. Se fizer isso, começando pela respiração, gratidão e planejamento, você já terá dado passos importantes. Pode não ser tudo, mas como disse Lao Tsé, "uma caminhada de mil quilômetros começa com um passo".

Outro caminho para manter seu eixo é se esforçar muito pelo sonho, mas sem que isso gere demasiado grau de estafa. Tenho presenciado muitas pessoas que surtam, entram em crise ou depressão porque se submetem a um tratamento desumano. Acham que são super-homens ou "mulheres maravilha"! Não somos nada disso! É preciso um mínimo de equilíbrio na administração do tempo. Nessa linha, recomendo com convicção plena, após mais de 30 anos de concursos, que o mais eficiente é respeitar o "Shabbat" diário e semanal, e não dar margem ao sedentarismo. Para este último caso, criei um "programa" mínimo de exercícios chamado WDPTS. Esse programa pode ser acessado gratuitamente no site www.williamdouglas.com.br.

Igualmente disponível de forma gratuita no site e para aqueles que apreciam esse tipo de auxílio (sou um deles), selecionei trechos da sabedoria bíblica específicos para momentos de dificuldade pelos quais passamos. Ali é possível encontrar força espiritual, fé, garra e renovação das esperanças. Basta clicar em PEV, na home do site, e será iniciado um *download* gratuito da compilação feita por mim.

Por fim, ressalto que o concurso é um projeto para médio e longo prazos. Estar a par disso é muito válido, assim como chegar a acordos com a família, além de válido, é muito importante. Tratarei do tema relacionamentos logo adiante.

O eixo principal do leitor precisa ser estabelecido em si mesmo, mas nada impede que Deus ou sua família – ou alguém que você admire – participe desse esquema, da montagem dessa estrutura emocional tão importante para o nosso equilíbrio. Há quem tome a mãe ou o pai falecidos como exemplos inspiradores. Outros usam o que querem legar para os filhos como instrumento de força psíquica. Seja como for, saiba que a hora em que você encontrar seu eixo, o caminho mais arenoso será trilhado com firmeza.

Se houver caos, busque, primeiramente, as soluções dentro de si mesmo. Busque aquilo que você acredita e quer para si. Ao encontrar seu eixo, sua verticalidade, você terá equilíbrio para caminhar melhor.

RELACIONAMENTOS, SAÚDE E AUMENTO DO DESEMPENHO

O doutor David Servan-Schreiber assevera que:[1] "Em seres humanos, a pesquisa já estabeleceu que a qualidade do relacionamento entre pais e filhos – definida pela empatia dos pais e sua resposta às necessidades emocionais da criança – determinará o equilíbrio do sistema parassimpático da criança anos depois. E o sistema parassimpático é o fator preciso que promove a coerência cardíaca e a resistência ao estresse e à depressão".[2] Ele informa que a ideia que um relacionamento amoroso é, em si, um remédio fisiológico, comparável ao remédio, está respaldada em dados científicos sólidos, embora ainda não reconhecida como deveria no *establishment* médico.

Minha observação em duas décadas de trabalho com concurseiros me confirma que relações familiares mais estáveis ajudam profundamente no projeto. Mais do que isso, aprovados que não têm tais relações costumam apresentar um grau maior de infelicidade após a aprovação. Curiosamente, é mais fácil alguém passar sem apoio familiar e, em seguida, não se manter bem. Creio que a razão disso seja porque, até certo ponto, o estudo é uma atividade solitária e individual. Contudo, ao longo do tempo, especialmente depois do sucesso, os melhores profissionais e os que aparentam mais humanidade, sensibilidade e satisfação são os que desenvolveram sua capacidade de ter relações saudáveis.

Observo que quando se fala em relações "familiares", não se quer necessariamente falar em relacionamentos de parentesco ou consanguinidade, mas sim na capacidade de estabelecer conexões com outras pessoas, sejam elas de sua parentela ou não, sejam os casamentos formais ou não. A confiança e apoio recíprocos parecem dispensar códigos genéticos ou formalidades legais.

Servan-Schereiber acrescenta:[3]

---

1 Servan-Schereiber, *op. cit.*

2 Katz, L. F.; Gottman, J. M. "Buffering Children from Marital Conflict and Dissolution", *Journal of Clinical Child Psychology*, 26 (1997):157-171.

3 Servan-Schereiber, op. cit, p. 181-190.

"Hoje já sabemos que em todos os mamíferos, incluindo os seres humanos, o equilíbrio fisiológico dos bebês depende do amor que eles recebem. É realmente surpreendente que isso valha também para os adultos.

Um estudo do *British Medical Journal* mostrou que a média de tempo de sobrevivência de idosos viúvos é muito mais curta do que a de homens da mesma idade cuja esposa ainda esteja viva.[4] Outro estudo demonstra que homens com doenças cardiovasculares que responderam 'sim' à pergunta 'Sua mulher demonstra amor por você?' apresentavam metade dos sintomas dos demais. E quanto maiores são os fatores de risco (colesterol, pressão alta, estresse) que esses homens acumulam, mais o amor de suas esposas os protege.[5] O fenômeno inverso foi demonstrado quando 8.500 homens saudáveis foram estudados durante cinco anos. Aqueles que, no início da pesquisa, se reconheceram na frase 'Minha mulher não me ama' desenvolveram três vezes mais úlceras do que os demais. De acordo com essa pesquisa, é melhor ser fumante, sofrer de pressão alta ou estar submetido a estresse contínuo do que não ser amado pela esposa.[6]

Os benefícios do suporte emocional são, igualmente, grandes entre mulheres. Entre mil mulheres diagnosticadas com câncer de mama, aquelas que disseram que lhes faltava afeto morreram em número duas vezes maior no prazo de cinco anos.[7] Mesmo entre mulheres saudáveis, aquelas que, frequentemente, se sentem 'desprezadas' por seus maridos têm mais resfriados e mais problemas de cistite, e distúrbios intestinais do que aquelas cuja vida marital seja harmoniosa.[8] Mulheres que vivem sob o mesmo teto ou que, simplesmente, dividem um escritório não raro têm ciclos menstruais

---

4 Murray Parkes, C.; Benjamin, B. *et al.* "Broken Heart: A Statistical Study of Increased Mortality Among Widowers", *British Medical Journal*, 646 (1969):740-743.

5 Medalie, J. H.; Goldbourt, U. "Angina Pectoris Among 10,000 Men. II. Psychosocial and Other Risk Factors as Evidenced by a Multivariate Analysis of a Five Year Incidence Study", *American Journal of Medicine*, 60, n. 6 (1976):910-921.

6 Medalie, J. H.; Stang, K. C. *et al.* "The Importance of Biopsychosocial Factors in the Development of Duodenal Ulcer in a Cohort of Middle-aged men", *American Journal of Epidemiology*, 136, n. 10 (1992):1280-1287.

7 Reynolds, P.; Boyd, P. T. *et al.* "The Relationship Between Social Ties and Survival Among Black/White Cancer Survival Study Group", *Cancer Epidemiology, Biomarkers & Prevention*, n. 3 (1994):253-259.

8 Levenson, R.; Carstensen, L. L. *et al.* "Long-term Marriage: Age, Gender, and Satisfaction", *Psychology and Aging*, 8, n. 2 (1993):301-313.

sincronizados,[9] mas o fenômeno é ainda mais forte quando há um elo emocional de amizade real entre elas e não quando são simplesmente colegas.

A lição de toda essa pesquisa é simples: a fisiologia dos mamíferos sociais não está separada do restante. Seu bom funcionamento depende sempre de nossos relacionamentos com os outros, em especial com aqueles os quais estamos envolvidos emocionalmente. Em *General Theory of Love* [cuja tradução é *Uma teoria geral do amor*], um livro maravilhoso sobre o cérebro emocional e seu funcionamento, três psiquiatras da Universidade de San Francisco, os doutores Tom Lewis, Fari Amini e Richard Lannon denominaram esse fenômeno de 'regulagem límbica'. Para eles, 'um relacionamento é um processo fisiológico tão real e tão forte quanto qualquer pílula ou procedimento cirúrgico'.[10] Mas, embora seja totalmente validada pela ciência, trata-se de uma ideia que ainda tem dificuldade em ser aceita. Talvez porque a união entre seres humanos não possa ser patenteada e, portanto, não contribua para a venda de remédios. [...]

Esperava informar a meus colegas sobre alguns incríveis resultados com os quais não pareciam estar familiarizados, tais como um estudo do *American Journal of Cardiology* sobre homens e mulheres cujos infartos foram acompanhados de arritmias perigosas. Os pacientes foram pesquisados durante mais de um ano e aqueles que tinham um animal de estimação em casa apresentaram somente um sexto da propensão a morrer durante o ano, comparados com todos os demais.[11] Ou ainda outro estudo, no qual idosos com animais de estimação em casa mostraram melhor resistência psicológica às dificuldades da vida e foram menos vezes ao médico.[12] Também chamei a atenção para um estudo feito por um grupo de Harvard, segundo o qual cuidar de uma planta

---

9 Graham, C. A.; McGrew, W. C. "Menstrual Synchrony in Female Undergraduates Living on a Coeducational Campus", *Psychoneuroendocrinology*, 5 (1980):245-252.

10 Lewis, T.; Amini, F. *et al. A General Theory of Love.* Nova York: Random House, 2000.

11 Friedman, E.; Thomas, S. A. "Pet Ownership, Social Support, and Oneyear Survival After Acute Myocardial Infarction in the Cardiac Arrhythmia Suppression Trial (Cast)", *American Journal of Cardiology*, 76 (1995):1213-1217.

12 Siegel, J. M. "Stressful Life Events and Use of Physician Services Among the Elderly: The Moderating Influence of Pet Ownership", *Journal of Personal and Social Psychology*, 58 (1990):1081-1086.

> diminuía em 50% a taxa de mortalidade dos moradores de um conjunto residencial para idosos.[13] Citei pesquisas realizadas com portadores do vírus HIV comprovando que donos de gatos ou cachorros estavam mais protegidos da depressão.[14] Finalmente, mencionei a menina dos olhos de meus colegas: o *Journal of the American Medical Association* que, em 1996, publicou um estudo sobre pessoas com deficiência física que eram, virtualmente, incapazes de se locomover sem ajuda. Um caso muito parecido com o dos pacientes idosos que que eu havia visto. Esse estudo mostrou que aquelas pessoas eram mais felizes e tinham maior autoestima e uma rede muito maior de amigos e relações, e desfrutavam a companhia de um cachorro.[15] De fato, outro estudo descobriu que a simples presença de um animal ao seu lado já faz você parecer 'mais atraente' aos olhos dos outros.[16] [...]
>
> Por acaso, o doutor Myron Hofer, da Universidade Cornell, descobriu como o dano aos relacionamentos emocionais em mamíferos desorganiza sua fisiologia".

Consequentemente, cabe a você estabelecer, como proposto neste livro, um sistema que leve em consideração todos esses elementos. Nosso objetivo, tanto o meu quanto o da coautora, é que os leitores alcancem sucesso, mas entendemos esse sucesso de forma bem abrangente.

Quanto comecei a me preparar para a maratona, decidi fazer um estudo comparativo entre as dificuldades para passar em concursos, já sistematizadas no meu livro *Como Passar em Provas e Concursos*, com as que eu teria para correr 42 quilômetros. Eu pensava que elas seriam, razoavelmente, diferentes. Após um ano nesse projeto e, consequentemente, nessa pesquisa, descobri que tanto os músculos do corpo quanto o equilíbrio emocional são afetados quando levados a

---

13 Rodin, J.; Langer, E. J. "Long-term Effects of a Control-relevant Intervention With the Institutionalized Aged", *Journal of Personality and Social Psychology*, 35 (1977):897-902.

14 Siegel, J. M.; Angulo, F. J. et al. "Aids Diagnosis and Depression in the Multicenter AIDS Cohort Study: The Ameliorating Impact of Pet Ownership", *AIDS Care*, 11 (1999):157-169.

15 Allen, K.; Blascovich, J. "The Value of Service Dogs for People With Severe Ambulatory Disabilities: A Randomized Controlled Trial", *Journal of the American Medical Association*, 275 (1996):1001-1006.

16 Lockwood, R. "The Influence of Animals on Social Perception", *New Perspectives on Our Lives with Companion Animals*, v. 8, Katcher, A. H.; Beck, A. M. (Filadélfia: University of Pennsylvania Press, 1983):64-71.

níveis acima do suportável. Minha conclusão foi de que as dificuldades são exatamente as mesmas! O lado positivo é que as soluções também.

Quando eu forçava os músculos além do que devia, tinha um estiramento ou algum outro tipo de dano e passava uma a duas semanas "fora do jogo", me recuperando. O interessante é que os músculos avisam de forma muito evidente quando exigidos além do que deveriam. No caso das emoções e relacionamentos, infelizmente, também existem "estiramentos", mas eles são mais difíceis de serem percebidos e de serem curados. Depressão, afasia, Síndrome de Burnout, Síndrome do Pânico, brigas, separações e divórcios são efeitos de uma má administração do "treinamento", da caminhada.

As lições nesta obra foram decalcadas no meu livro *A Maratona da Vida*, mas o resumo está aqui, tanto nas lições do livro *Curar* quanto neste breve relato do meu grande aprendizado na prática de maratonas e superação pessoal.

A conclusão de tudo o que foi dito é que os relacionamentos afetam substancialmente sua saúde e seu desempenho. Investir neles não somente afeta o grau de felicidade, desempenho e produtividade, mas a própria sobrevivência da pessoa.

Capítulo 13

A aplicação do pensamento positivo, da lei da atração e da ajuda divina para ser aprovado em concursos públicos

INTRODUÇÃO

Vamos adentrar assuntos polêmicos, aviso logo. Assuntos vistos por muitos com algum ceticismo e desconfiança, mas assuntos que não devem ser ignorados. No mínimo, nem que por disciplina e humildade intelectual, são assuntos a serem conhecidos e objeto de alguma reflexão.

Se você crê em pensamento positivo, lei da atração, oração etc., ótimo, temos algo em comum. Se não crê, duvida ou despreza, ao menos leia e leve em consideração para fins de fazer juízo crítico, já que – se essas "coisas" funcionarem mesmo – não vale a pena perder nenhum tipo de ferramenta que possa ser útil para conseguir o almejado sucesso.

Para começar o assunto, vamos citar uma pesquisa científica: Leonardo Leibovici publicou estudo no *British Medical Journal* (BMJ, 2001), em que separou duas pilhas de prontuários de pacientes que haviam sido internados em uma enfermaria que recebia pessoas com intoxicação sanguínea. Fez preces apenas para as pessoas de uma pilha de prontuários. Posteriormente foi feita uma análise. Comprovou-se que o grupo que recebeu as preces teve menos febre, menor tempo de internação e menor mortalidade.

O curioso disso tudo é que as preces foram feitas para pessoas que tiveram alta 10 anos antes. O poder de cura da consciência (ou do pensamento positivo, como dirão alguns, ou da oração, como dirão outros) não se limita nem mesmo pelas dimensões espaço e tempo.

Sim, assustador, quase inacreditável. Mas, se não crê, repare onde isto foi publicado: em uma revista científica bastante respeitada.

O fato é que dezenas de estudos têm comprovado a influência terapêutica da prece à distância. As pesquisas mais elaboradas iniciam com o cardiologista Randolph Byrd, em 1998, no San Francisco General Hospital.[1]

Se você quer imputar os resultados ao pensamento positivo, à lei da atração ou à oração, isso é uma decisão pessoal. Seja como for, creio que estamos lidando com fenômenos reais. E uso o termo "creio" de forma até incorreta. Eu "sei". Já vi, sou testemunha. Vamos falar mais dessas realidades, ok?

PENSAMENTOS POSITIVOS GERAM RESULTADOS POSITIVOS?

Embora o presente tema pudesse se encaixar nos capítulos anteriores, preferi colocá-lo em separado e, ainda, para introduzir a discussão, me valer de um recado recebido por meio da minha, extinta comunidade no Orkut.

> William Douglas:
>
> Olá Dr.! Que bom que te encontrei aqui no Orkut! Estou no meu 1º ano de cursinho (xxx) em (xxx)... Estou gostando muito da didática e principalmente da organização dos professores. Assisti a sua palestra logo na primeira aula do curso de carreira fiscal e acabei comprando o livro; simplesmente fantástico! Parabéns!

1 Southern Med. Journal, 81, nº 7(1988):826-29

Fiquei muito pensativa quando você disse que mesmo que não seguíssemos religião alguma, seria interessante crer em alguma coisa... Isso pessoalmente está me incomodando. Agora que consegui me organizar nos estudos e no trabalho, há dias que sinto um grande vazio. Será que é porque não creio em nada? A única certeza que tenho é que pensamentos positivos geram resultados positivos. Estou no caminho certo?

Uma ótima semana,

"X"

Vamos à resposta (e por meio dela irei abordar os tópicos do capítulo).

"X",

Obrigado pelo elogio. Você é gentil.

Que bom que está gostando do curso e indo em direção aos seus sonhos. Guarde isso, continue assim. Não se impressione pelo fato de ser seu primeiro ano. O tempo é só um serviçal do futuro, que se avizinha com mais rapidez do que podemos perceber. O tempo fará sua parte, faça você a sua... E, em breve, estaremos comemorando sua aprovação. As dores da preparação e do amadurecimento são temporárias, mas o cargo e a sabedoria são para sempre.

Vou começar a lhe responder de trás para frente.

CRER

Você me disse que não crê em nada. Não diga isso. E não diga que você não crê em nada. Alguém que trabalha e estuda crê pelo menos em duas coisas: em si mesmo e no futuro.

O PODER DO PENSAMENTO POSITIVO E DA LEI DA ATRAÇÃO

Discordo um pouco do que X disse: não acho que pensamentos positivos geram resultados positivos. Creio que pensamentos positivos somados aos comportamentos positivos geram, ao longo do tempo, resultados positivos. É parecido, mas não é a mesma coisa. Sucesso e resultados demandam trabalho e o decurso do tempo. Somente pensamentos não adiantam.

E ela demonstra que não só está com pensamentos positivos, mas também com comportamentos compatíveis. Se tiver paciência e determinação, se tiver persistência, colherá aquilo que está plantando.

Recentemente foram publicados vários livros sobre segredos e a lei da atração. Se você os ler poderá imaginar que basta o pensamento positivo. Mas não é bem assim. Nesse passo, vale a crítica de Ed Gungor,[2] de que o pensamento positivo não é a única força a gerar resultados, não respondendo sozinho pelos acontecimentos futuros. E, ainda na clara e profunda explicação que o autor dá, é preciso juntar aos desejos e pensamentos um grau adequado de ação, de valor e de responsabilidade pessoal e social.

Mas permita-me citar o que o próprio autor, Ed Gungor, disse:

> Por que estudar para escola? Isso não é divertido. Apenas *sinta* coisas boas e *imagine* tirar uma série de "A" em suas provas. Por que malhar na academia? Isso, com certeza, é difícil. Dói. Por que não ficar o dia todo apenas comendo sanduíches de salame e tirando umas sonecas?
>
> Apenas cultive os "sentimentos" de estar em forma...
>
> Não que eu acredite que Byrne (Rhonda Byrne, autora do livro O *segredo*) e outros preguem tais atitudes; o problema é que nos livros não há avisos contra esses absurdos. Byrne escreve: "O mais importante é saber que é impossível sentir-se mal e ao mesmo tempo ter bons pensamentos. Quando você está se sentindo mal, você está na frequência que atrai mais coisas ruins. Quando se sente mal, é como se pedisse: 'Traga-me mais circunstâncias que me farão sentir mal. Pode mandar.'" Ela continua: "Seus sentimentos negativos são um comunicado para o universo que poderia ser expresso assim: 'Atenção! Mudar o pensamento agora. Registrando frequência negativa. Mudar a frequência. Contagem regressiva para manifestações. Atenção!'"[3]

Sim, nossos pensamentos e sentimentos compõem a maior parte do que nós chamamos de "vida", criando uma aura que atrai circunstâncias

2 GUNGOR, Ed. *Muito além do segredo.* Thomas Nelson Brasil, 2007.
3 *Op. cit.*, p. 49-50.

afins. Bons pensamentos e emoções atraem boas situações. Os maus atraem situações negativas. Deus nos deu a vida como presente; um bom presente. A vida não deve ser um constante trabalho pesado, uma luta. Precisamos evitar os maus pensamentos e sentimentos e abraçar os bons em seu lugar. Mas entenda que se fixar somente nos "bons sentimentos" não é uma maneira eficiente de aplicar essas ideias.

Nossos pensamentos e sentimentos são refletidos em nossas vidas – eles criam as circunstâncias que nos cercam.

E, adiante, prossegue:

> Todavia, antes de nos aprofundarmos, deixe-me dizer algo importante. Como já vimos, ao contrário do que alegam os defensores do uso mais recente da lei da atração, *pensamentos e sentimentos não são as únicas forças em jogo na sua vida*. Se houver equilíbrio, a lei da atração funciona como a lei da semeadura e da colheita. Entretanto, há momentos em que essa relação direta é superada pela presença de outras forças.
>
> Por exemplo, cada fazendeiro se prepara para a época do plantio com a confiança na lei da semeadura e da colheita. E, na maioria dos casos, essa confiança será recompensada. No entanto, se houver uma seca, ou um furacão, ou uma geada nessa temporada? As safras vão quebrar. Diante disso, o fazendeiro não concluiria que a lei da semeadura e da colheita não funciona mais; ele reconheceria que outras forças surgiram e a superaram.[4]

Em resumo, tanto eu quanto o autor citado cremos que o pensamento seja poderoso e que a lei da atração tenha utilidade, mas não são fatores isolados e não podem ser utilizados apenas para conseguir sucesso, dinheiro e poder. O ideal é que esses vetores se equilibrem com outros e que a pessoa esteja atenta aos valores pessoais e sociais mais elevados.

AJUDA DIVINA, DEFINIÇÃO DE "RELIGIÃO" E A DEVIDA RESSALVA PARA NÃO TEÍSTAS

Existe uma considerável dúvida sobre quanto Deus ajuda ou não alguém a passar em concursos. Teve grande circulação na internet um vídeo no qual pastores de determinada igreja convidavam as pessoas para

---

4 *Op. cit.*, p. 53-54.

levarem suas canetas para serem "ungidas", o que resultaria em aprovação nos concursos.

A discussão é útil para as pessoas que se interessam por religião. Se a fé influencia no desempenho, ela se torna, necessariamente, um dos objetos de estudo de quem, como os autores, se dedica a buscar métodos e ferramentas de aumento deste.

Quando falo em religião, naturalmente devo mencionar meu respeito aos ateus, agnósticos, céticos e humanistas seculares. Certamente, este livro tem muita coisa que é útil para qualquer pessoa. Neste ponto, porém, feita a ressalva de existirem outras formas de entender e interpretar o mundo e outros caminhos para a realização dos projetos pessoais e coletivos, não se pode negar que uma enorme quantidade de pessoas é teísta e segue alguma religião. É inequívoco o efeito da religião e da fé na mente e no funcionamento da mente da pessoa que segue esses valores. Assim, é natural que tal tema também seja abordado.

Quando falo em religião, não me refiro à religião institucionalizada, que há muito perdeu sua essência. Religião vem de *religare*, religar. É o ato de religamento entre o homem e seu criador. A religião institucionalizada é vazia e tem trazido muitos problemas, e está assim porque pode haver religião sem instituição, mas uma instituição religiosa sem ligação direta com a divindade não funciona, pois vira apenas um ritual, talvez uma fuga ou distração. Mas não responde aos anseios maiores da alma.

Enfim, faço parte das pessoas que entendem que não religiosos podem obter sucesso integral em provas e concursos seguindo as técnicas devidas e que religiosos também, sendo que estes podem obter paz, motivação e tranquilidade através de suas práticas religiosas. Ao lado disso, entendo que há intervenção divina sim, mas ela, em geral, se dá através de parceria, ou seja, não dispensando a atuação humana naquilo que lhe cabe.

Logo, aos que são praticantes de qualquer religião, recomendo somarem à sua fé o esforço pessoal. Para quem quiser se aprofundar nesse tema, recomendo assistir ao vídeo mencionado no início deste item ou à leitura do meu livro *25 Leis Bíblicas do Sucesso*, em que trato especificamente do tema.

"CRER EM ALGO" X RELIGIÃO

Vista da forma adequada, "religião" é algo bom. Nesse prisma, quando falo em seguir uma religião, ou crer em algo, expresso minha experiência pessoal, onde Deus me ajudou muito, muito mesmo, no processo de superação e vitória. A Bíblia foi uma companheira fiel e útil nesse período, tanto que, em minhas palestras, presenteio meus ouvintes com a Bíblia (como ofereci a todos na palestra no curso que você frequenta). Logo, para dizer como venci, devo – para ser honesto – dizer que não venci sozinho. Foi meu braço, mas Deus é quem deu força a ele.

A esmagadora maioria das pessoas acredita em Deus. Assim, sinto-me à vontade para sugerir que cada um aproveite esse "parceiro" não só porque há um sentimento bem geral de que Ele existe (ainda que a percepção da forma da divindade varie bastante), mas também porque funcionou para mim e, assim, tal citação tem um conteúdo testemunhal.

Crer em algo ajuda. Mas eu não gostaria de crer em algo que não existe só para me ajudar. Prefiro coisas concretas. Quase posso dizer que sou um cético, mas um cético que não quis negar uma realidade quando a encontrou.

Acho que seguir uma religião tem utilidade sim, como você me perguntou.

Mas se você perguntar a mesma coisa para quem não crê, para um cético, um ateu, esta pessoa não verá sentido – e talvez até considere ruim – contar com algo que pode não existir.

Mas se você perguntar para mim, vou dizer que Deus existe, que é uma pessoa, que se interessa por você e por sua vida, pelo seu bem-estar, que interage e atua. E que é bom, um bom (e poderoso) amigo. Em seu lado justo e de bom pai, será um amigo que esperará você crescer e amadurecer, mas estará ao lado.

A primeira vez que levei minha filha à praia, fiquei ao seu lado quando começou a "enfrentar" as ondas, marolinhas, que batiam na areia. Estive todo o tempo ao seu lado, mas deixei que ela levasse uns tombos até aprender a se equilibrar sozinha. Por mais que me doesse vê-la "enrolada", eu precisava deixá-la aprender a viver aquela experiência e crescer. Um pai superprotetor a cercaria tanto que a transformaria em um vegetal, medrosa e dependente. Mas eu estava lá para dar cabo de qualquer onda maior do que ela pudesse aguentar. Eu a deixei ficar assustada, para enfrentar o medo e a onda, mas não a deixaria engolir água demais ou se afogar.

Em minha vida, percebo que Deus faz bem parecido. Só que Ele é mais forte e esperto do que eu. Já engoli uns bons bocados de água e já tomei vários "caixotes", mas não tenho dúvidas que o Pai estava atento e presente, torcendo e cuidando para que eu aprendesse a me equilibrar. Afinal, é da natureza divina andar sobre as ondas.

Pois bem, creio que tanto no plano pessoal quanto em relação à Humanidade como um todo, Deus está presente e disponível, mas não intervém senão na medida do necessário ou do demandado pela pessoa. Ele tem seus planos gerais, que vai executar, mas respeita não só o livre arbítrio, as escolhas pessoais e o propósito de que os homens amadureçam, cresçam e vivam. Por isso menciono uma "parceria", na qual Deus faz uma parte e nós, a outra. Se Ele fizesse tudo, não seríamos mais que vegetais, e se nos deixasse totalmente sozinhos, nossa solidão seria inimaginável. De alguma forma, Ele sempre está presente, como dizia Jesus, ao mencionar que Ele faz a chuva cair sobre bons e maus; e, paralelamente, Ele atua na medida em que queremos ou pedimos, sendo Jesus useiro e vezeiro em dizer: "O que queres?", "Quer me seguir?"

Assim, posso afirmar que Deus está cuidando de você, mesmo quando você não percebe. Ao mesmo tempo, está ansioso por desenvolver uma relação de abundância e intimidade, uma amizade, uma parceria. Contudo, cavalheiro que é, não vai arrombar a porta. Mas está presente e disponível. E, sempre, esperará de você atitudes, crescimento e esforço.

PARA TEÍSTAS E NÃO TEÍSTAS, UMA REGRA

Não me preocupo muito com a religião de uma pessoa tanto quanto se ela a segue com um mínimo de sinceridade. Jon Huntsman,[5] em sua obra, fala sobre ética e honestidade como diferencial para vencer no mundo dos negócios:

> De que maneira eu gostaria de ser tratado numa determinada situação? Isso é tudo que cada um de nós precisa se perguntar na maioria das situações. A Regra de Ouro é uma diretriz de vida em cada uma das culturas que eu conheço. Muitas pessoas conhecem certamente a advertência do Antigo Testamento em relação a "tratar o próximo como a si mesmo". É surpreendente a semelhança com que a maioria das grandes religiões mundiais vê esse conceito.

5 HUNTSMAN, Jon M. *Os vencedores jogam limpo – os valores morais que aprendemos na infância (será que esquecemos?)*. 2007.

> O confuncionismo determina: "Não faça aos outros aquilo que não gostaria que lhe fizessem." Os zoroastrianos são advertidos de que "se você não quiser ser maltratado pelo próximo, evite maltratá-lo". Ou que "deseje para o seu irmão tudo aquilo que deseja para si mesmo". O hinduísmo adverte para que nunca se aja "em relação aos outros de uma forma que não gostaria de ver usada contra você."[6]

Em suma, existe uma regra tão perene nas religiões, e na filosofia, que se todos a seguissem já estaríamos muito bem encaminhados para melhorar o mundo.

PROPOSTAS PRÁTICAS

Nesse sentido é que falo aos concursandos e a qualquer um que tenha um plano (correr uma maratona, montar uma empresa, fazer um doutorado, salvar um casamento etc.) para pedir ajuda a Deus, mas fazer sua parte, pois Deus é bondoso, libertário, justo e cuidadoso o suficiente para não nos negar o amadurecimento, o esforço pessoal e o crescimento. Se ele fizesse tudo isso, seria pernicioso. Quer destruir alguém? Dê a esse alguém tudo o que deseja sem que tal pessoa precise fazer qualquer esforço, renúncia ou escolha.

Não sei se você conhece a história, mas o esforço da borboleta para sair do casulo é necessário para que ela tenha condições de voar.

Mas não quero ser muito extenso. Apenas sugiro que creia em alguma coisa. E saiba que, de qualquer modo que você lide com isso, ela existe. Nesse passo, a religião é positiva.

Mas a religião que eu acredito como boa (independentemente do ramo escolhido) é aquela que ultrapassa os rituais e as formalidades, a culpa e os dogmas, e concentra-se numa relação pessoal com a divindade que se quer conhecer, seguir ou adorar. Creio que a religião se sustenta numa relação viva, íntima e consistente com Deus. Por isso, não satisfaz a religião oca, sem vida. Por isso, ela precisa ser pessoal e se basear em experiências pessoais. Se você for discutir teorias, teologia, ceticismo etc., pode se confundir, mas, quando sente a presença de Deus uma

6 Op. cit.

única vez, passa o resto da vida sabendo que Ele é real. A religião que tem graça é aquela onde há uma intimidade construída.

Portanto, sugiro-lhe que além da busca pelo cargo, pelo amor e por outras coisas, inclua uma busca pessoal por Deus. Deus, segundo a Bíblia, diz: "Buscar-me-eis e me achareis quando me buscardes de todo vosso coração"; Jesus diz que "aquele que busca encontra; aquele que pede recebe". Creio, portanto, que, se você começar a buscar, irá encontrá-lo.

Como sou cristão, minha experiência com a divindade é bem específica e cito, bastante, Jesus e a Bíblia. Por isso, tire um desconto, pois os cristãos são meio sectários (com isso de "Só Jesus Salva", coisa em que acredito, mas que mantenho no plano pessoal). Na minha expressão pessoal, creio que só Jesus salva e sustento isso com tranquilidade, mas na minha qualidade de professor, devo dizer que qualquer pessoa que busque a Deus (mesmo que não seja aquele em que eu pessoalmente creio) estará em um bom caminho. E posso dizer isso com base na minha longa experiência (de mais de trinta anos ministrando aulas e mais de 600 mil alunos) e em tudo o que já estudei e pesquisei sobre educação, cérebro, mente etc.

O mundo seria bem melhor se todas as pessoas seguissem cada qual o que sua religião prega. Só para citar as mais conhecidas, o cristianismo, o islamismo, o judaísmo, o budismo, o taoísmo etc., todos mandam ser honestos, não explorar os outros, tratar os outros com respeito, buscar a paz etc. Imagine se cada um deixasse de dizer que é o melhor e seguisse primeiro o que sua própria religião ensina? Fomes, guerras, injustiça, a exploração do homem pelo homem, tudo isso estaria com os dias contados. Conheço pessoas que se relacionam com Deus de modo admirável e que são boas pessoas dentro de outros ramos do cristianismo, no islamismo etc. E conheço cristãos que não seguem o que dizem. Daí, não se fie nas pessoas que seguem, mas no Deus que é seguido e no que Ele ensina.

Em resumo, busque a Deus e Ele se revelará. Não há uma fórmula mágica nem um protocolo único. Deus vai falar com você de um jeito particular, singular e único. Eu levei anos perguntando até ouvir uma resposta, e conheço quem tenha recebido o mesmo na primeira vez que pediu. Hoje, Deus fala comigo quando leio a Bíblia, quando oro, quando o louvo na igreja, às vezes manda recados, às vezes fala no meu ouvido... e está sempre presente no sorriso da minha filha. Deus às vezes está no trovão, mas é mais corrente estar numa leve brisa, num sussurro.

O VAZIO

Mas ainda preciso abordar o seu "vazio", ou, como disse "um grande vazio".

Dostoievski dizia que o homem tem na sua alma um vazio do tamanho de Deus. Se for esse o vazio que você sente, preencha-o com a única coisa suficientemente grande para tal.

Mas seu "vazio" também pode decorrer de alguma pressa para ver os resultados, e aí o remédio é a paciência e a consciência de que você está em um processo de crescimento intelectual e emocional. Leva tempo mesmo, faz parte. Lembre-se: a diferença entre o sonho e a realidade é a quantidade certa de tempo e trabalho.

Mas o "vazio" pode ter ainda outra causa: se os seus horários estiverem muito desequilibrados. Você tem separado o tempo necessário para viver, ser feliz (ainda que com a disciplina para estudar)?

Sua vida, qualidade de vida e administração do tempo inteligente e saudável demandam um tempo mínimo para dormir, ter lazer, conviver com as pessoas que ama, estar só, fazer exercícios físicos. Se você não respeitar isso, pode aparecer vazio, depressão, fastio etc.

Alguns minutos consigo mesmo já bastam. Um silêncio, uma música, e só você. Aprenda a ser boa companhia... até para si mesmo. Exercícios físicos três vezes por semana já são razoáveis quando falta tempo (nesse passo, veja o WDPTS, na minha página). O tempo de sono, família, lazer, serviço ao próximo etc. vai depender de sua vida. De um modo geral, só você pode descobrir as doses mais indicadas de cada um desses elementos necessários para o cotidiano.

CONCLUSÃO

Você já está fazendo uma boa quantidade de coisas certas: não perca isso. E pode, se quiser, ir além, tanto no estudo quanto em outras dimensões. Espero que você aproveite a fantástica jornada da vida. Se quiser, Deus estará bem presente; se não quiser, Ele estará olhando para você carinhosamente, mesmo que à distância.

Continue juntando aos seus bons pensamentos as boas atitudes e os comportamentos. Se possível, melhore isso. Faça, aos poucos, aperfeiçoamentos e ajustes, que é o método que melhor funciona.

E cuide para ser feliz desde agora, pois a vida tem mais graça quando vivida de modo pleno. Essa plenitude começa pela percepção de seu fluxo, de sua beleza, rapidez e de quanto é rápida e curta.

Assim, comecemos olhando para dentro e ao redor, pois, agora me valendo do que disse o inesquecível Ferris Bueller: "A vida passa muito rápido; se você não parar e olhar ao redor de vez em quando, vai acabar perdendo-a."[7]

Visite o site www.williamdouglas.com.br e tenha acesso gratuito a artigos, vídeos e informações sobre os temas abordados neste livro. Com abraços e votos de sucesso!

Instagram Carmem Zara: @zaracarmem

Os autores

7 Ferris Bueller, protagonista do filme *Curtindo a vida adoidado*.

Bibliografia

ALMEIDA, Eduardo. *Conferência do Instituto Saúde da Comunidade*. Universidade Federal Fluminense, 2010.

BANDLER, Richard; GRINDER, John. ***Sapos em Príncipes: programação neurolinguística.*** São Paulo: Summus, 1982.

BANDLER, Richard. ***Usando a Mente: as coisas que você não sabe que não sabe: programação neurolinguística.*** São Paulo: Summus, 1987.

BLANTON, Brad. ***Radical Honesty: how to transform your life by telling the truth***. New York: Dell, 1996.

BUZAN, Tony. ***Use Both Sides of your Brain.*** Grã Bretanha: Penguin Book, 1991.

BYRD, Randolph C. ***Therapeutic Effects of Intercessory Prayer in a Coronary Care Unit Population.*** 7. ed. V. 81, South Medical Journal, 1988. p.826-829

COVEY, Stephen R. ***Os Sete Hábitos das Pessoas muito Eficazes***. 17.ed., São Paulo: Best Seller, 1989.

CAVACO, Nanci. ***Aumente sua Inteligência: a ciência ensina como você pode treinar seu cérebro e aumentar seu controle emocional***. Rio de Janeiro: Ferreira, 2008.

DILTS, Robert, *et al*. ***Crenças: Caminhos para a saúde e o bem-estar.*** São Paulo: Summus, 1993.

DILTS, Robert. ***Enfrentando a Audiência.*** São Paulo: Summus, 1997.

DILTS, Robert; EPSTEIN, Todd. ***Aprendizagem Dinâmica 2***. São Paulo: Summus, 1999.

DOUGLAS, William. ***Como Passar em Provas e Concursos.*** 28. ed., Niterói: Impetus, 2013.

____. ***A Arte da Guerra para Provas e Concursos***. 5. ed., Rio de Janeiro: Campus/Elsevier, 2012.

DOUGLAS, William; TEIXEIRA, Rubens. ***Sociedade com Deus***. Rio de Janeiro: Sextante, 2013.

DOUGLAS, William; SOARES, Ricardo. ***Leitura Dinâmica e Memorização – como multiplicar a velocidade, a compreensão e a retenção da leitura***. 16. ed., Niterói: Impetus, 2015.

DOUGLAS, William; BARROS, Francisco Dirceu. ***Carta aos Concursandos***. 2. ed. Rio de Janeiro: Campus/Elsevier, 2011.

DOUGLAS, William; LIMA, Felipe. ***Mapas Mentais e Memorização para Provas e Concursos***. 3. ed. Niterói: Impetus, 2013.

DRYDEN, Gordon. ***Revolucionando o Aprendizado***. São Paulo: Makron Books, 1996.

DYER, Wayner W. ***Crer para Ver***. 3. ed. Rio de Janeiro: Record, 1996.

GOLEMAN, Daniel. ***Inteligência Emocional.*** Rio de Janeiro: Objetiva, 1996.

GONÇALVES, Fábio da Silva. ***Memory – curso de memorização***. Rio de Janeiro: Jotanesi, 1995.

GRINBERG-ZYLBERBAUM, J.; DELAFLOR, M.; ATTIE, L. & GOSWAMI, L. ***The Einstein-Podolsky-Rosen Paradox in the Brain: the transferred potencial.*** v. 7, Physics Essays, 1994. p. 422-428

GUNGOR, Ed. ***Muito Além do Segredo.*** Rio de Janeiro: Thomas Nelson, 2007.

HUNTSMAN, Jon M. ***Os Vencedores Jogam Limpo – os valores morais que aprendemos na infância (será que esquecemos?).*** Porto Alegre: Bookman, 2007.

JAHN & BRENDA. ***Margins of Reality: the role of consciousness in the physical world.*** San Diego: Harcourt Brace, 1987.

JAMES, Tad; WOODSMALL, Wyatt. ***Timeline Theraphy and the Basis of Personality***. New York: Meta Publications, 1998.

KHOURY, Karim. ***Com a Corda Toda: autoestima e qualidade de vida.*** São Paulo: Senac, 2003.

LEIBOVICI, Leonardo. ***Influencing the Past, Present and Future with Prayer and Meditation.*** 323. ed., British Medical Journal (BMJ), 2001. p.1450-1451

MACCARTY, Rollin; ATKINSON, Mike *et al.* ***Electrophysiological Evidence of Intuition: Part 2. A System-Wide Process?*** V. 10, The Journal of Alternative and Complementary Medicine, 2004. p. 325-336

MACHADO, Luiz. ***Descubra e Use a sua Inteligência Emocional***. Rio de Janeiro: Cidade do Cérebro, 1997.

MANZANO Filho, Gabriel. ***Estranhas Memórias do Coração – transplantados que mudam de hábitos são um desafio às explicações da ciência.*** *In:* Revista Galileu, 102. ed. v. 2002, São Paulo: Editora Globo, 2001.

MAXWELL, John C. ***Você Faz a Diferença – como sua atitude pode revolucionar sua vida.*** Rio de Janeiro: Record, 1998.

NOVAK, William; SYLVIA, Claire. ***A Voz do Coração***. Rio de Janeiro: Ediouro, 1999.

O'CONNOR, Joseph. ***Liderando Técnicas Simples e Fundamentais para Influenciar e Administrar pessoas***. Rio de Janeiro: Record, 1998.

____; SEYMOUR, J. ***Introdução à Programação Neurolinguística: como entender e influenciar as pessoas***. São Paulo: Summus, 1995.

____; SEYMOUR, J. ***Treinando com a PNL: recursos para administradores, instrutores e comunicadores.*** São Paulo: Summus, 1996.

____; PRIOR, R. ***Sucesso em Vendas com PNL: recursos de programação neurolinguística para profissionais de vendas.*** São Paulo: Summus, 1995.

____. ***Liderando Técnicas Simples e Fundamentais para Influenciar e Administrar Pessoas.*** Rio de Janeiro: Record, 1998.

OLIVEIRA, Getúlio. ***Controle do Cérebro.*** São Paulo: Opinião, 2003.

PENROSE, Sir Roger. ***The Empero's New Mmind: concerning computers, minds, and the laws of physics (popular science).*** Oxford: Oxford Paperbacks, 1999.

PORRAS, Jeny; EMERY, Stwart; THOMPSON, Marck. ***Sucesso Feito para Durar – histórias de pessoas que fazem a diferença***. Porto Alegre: Bookman, 2007.

ROSENTHAL, R.; JACOBSON, L. ***Pygmalion in the Classroom: teacher expectation and pupils' intellectual development.*** New York: Holt, Rinehart and Winston, 1968.

SATIR, Virginia. ***Conjoint Family Therapy.*** Palo Alto, CA: Science and Behavior Books, 1983.

____. ***Self-esteem.*** Millibrae, CA: Celestial Arts,1978.

____. ***Thoughts and Feelings.*** Palo Alto, CA, Avanta Network,1989.

____. ***Your many Faces.*** Millibrae, CA: Celestial Arts,1978.

SERVAN-SCHREIBER, David. ***Curar:* o estresse, a ansiedade e a depressão sem medicamento nem psicanálise**. São Paulo: Sá Editora, 2004.

Anexo 1

Orientação sobre o conteúdo deste livro

Este livro contém duas partes: lições da PNL para concursos (capítulos 1 a 6) e lições extras sobre cérebro, memória, inteligência, criatividade, pensamento positivo, lei da atração, atitude e inveja.

Além de ser um livro autônomo, também funciona como obra de aprofundamento em relação ao livro *Como Passar em Provas e Concursos* (CPPC).

O presente livro aprofunda os capítulos 6, 7 e 17 do CPPC.

O quadro de livros derivados, ou de aprofundamento, é o seguinte:

Capítulos	Livro de aprofundamento	Coautor(es)
1 a 5	Carta aos Concursandos	Francisco Dirceu Barros
6 e 7	Mapas Mentais e Memorização para Provas e Concursos	Felipe Lima
6, 7 e 17	Como Usar o Cérebro para Passar em Provas e Concursos	Carmem Zara
8 e 9	Administração do Tempo	Alberto Dell'Isola
19	Leitura Dinâmica	Ricardo Soares
20	Manual de Português e Redação Jurídica	Renato Aquino
21 e 22	Como Falar Bem em Público – técnicas para enfrentar com sucesso situações de pressão, aulas, negociações, entrevistas e concursos	Rogério Sanches Cunha e Ana Lúcia Spina

Disponibilizei, ainda, para quem tem menos tempo ou dinheiro, dois livros em formato reduzido, com uma média de 200 páginas: *Como Passar em Provas e Concursos – Resumo* e o livro *A Arte da Guerra para Provas e Concursos*, no qual comento a obra de Sun Tzu especificamente para nosso campo. Os interessados também podem ter acesso ao material por meio do meu site, do Facebook (/paginawilliandouglas), do Youtube e em audiobooks. Quanto a este livro (que chamo de PNL), tenho o dever de esclarecer o seguinte sobre seu conteúdo.

A primeira ideia da obra é trazer as noções básicas de PNL e isso é feito nos capítulos 1 a 6.

A partir do capítulo 7 são abordados diversos temas. A linha seguida foi a de repetir as noções básicas que existem na obra *Como passar em provas e concursos*. Sei que para quem conhece o outro livro, este é uma repetição, mas se não fizesse assim, eu forçaria o leitor a adquirir também o CPPC para ter acesso às noções básicas. E isso não me agrada. Pela via eleita, quem se interessa pelos temas "cérebro", "memória" e "PNL", e possui apenas o livro *Como Usar o Cérebro para Passar em Provas e Concursos*, tem um material de boa monta e autônomo. Quem já possui o livro *Como Passar em Provas e Concursos* tem a revisão do básico e ainda conta com bastante material extra só deste livro.

Alguns capítulos tratam de assuntos não abordados no CPPC. Eles foram originados de respostas para leitores e de observações que ainda não estavam em nenhum livro (pensamento positivo, lei da atração e ajuda divina, atitude, inveja, entre outros) e, claro, da continuação de minhas perguntas e estudo, e da inserção daquilo que me parece oportuno.

Conto que Deus me dê vida e saúde, e os colegas leitores contribuições, comentários, sugestões e críticas, para continuar aperfeiçoando o material já existente e criar ainda outros, sempre com o intuito de servir e compartilhar, o que me gratifica e remunera das mais diversas formas.

William Douglas

Anexo 2

Nota à 2ª edição

Agradecemos a efusiva acolhida ao nosso livro, que se esgotaram cinco mil exemplares em poucas semanas. Entendemos que isso confirma a importância do tema e sua extrema utilidade para a realização de objetivos.

Pedimos aos leitores que não deixem de compartilhar experiências e comentários através de nossos e-mails disponíveis na página www.williamdouglas.com.br.

Desejamos crescentes realizações a todos.

Rio de Janeiro, 15 de setembro de 2008.

Nota à 4ª edição

Mais uma vez agradecemos aos leitores pela receptividade ao nosso trabalho.

Nesta edição, além da nova capa e da nova diagramação, inserimos textos inéditos nos capítulos 1 e 2. Esses mesmos textos estão disponíveis gratuitamente no site www.editoraimpetus.com.br para aquelas pessoas que já possuem as edições anteriores desta obra.

Continuamos contando com suas sugestões e experiências vividas após a leitura deste livro. Cada história que chega a nossos e-mails, além de nos trazer muita alegria com os resultados obtidos pelos leitores, contribui para a consolidação e o aperfeiçoamento deste trabalho.

Niterói, 2 de janeiro de 2010.

Nota à 5ª edição

Inserimos os capítulos 10 e 11 que tratam, respectivamente, de habilidades do cérebro e programas e armadilhas mentais.

Niterói, 20 de março de 2011.

Nota à 6ª edição

Fizemos uma alteração maior inserindo novos textos e atualizando outros. Alteramos a ordem de alguns capítulos para um modo que nos pareceu mais adequado. Abordamos o tema Pilates para o cérebro, para concursos e também a ideia da superpercepção. Esperamos que os leitores continuem enviando seus comentários, sugestões e críticas, e convidamos todos a participarem das nossas redes sociais. Desejamos pleno sucesso a todos!

Niterói, 25 de julho de 2012.

Nota à 7ª edição

Para esta edição, acrescentamos informações sobre paz de espírito e sua importância para o estudo (preparo emocional, ambiente de estudo etc.) assim como atualizamos algumas informações já disponibilizadas anteriormente. Como sempre, esperamos que esta obra seja de grande ajuda para seus planos e que seu sucesso seja apenas uma questão de tempo e trabalho.

Niterói, 25 de março de 2015

Anotações

Anotações

Anotações

Anotações

Anotações

Av. Ernani do Amaral Peixoto, 507 – Loja 05
24020-072 – Centro – Niterói – RJ
Telefax: (21) 2621-7007
www.impetus.com.br

Esta obra foi impressa em papel offset 75 gr/m².